Thomas Deuschle

So war's in den 1950ern

Thomas Deuschle

So war's

in den 1950ern

Reutlingen zwischen Enttrümmerung und Isetta-Romantik

Oertel+Spörer

Bildnachweis

Stadtarchiv: 8, 9, 10 (2), 11, 12, 13, 16 (2), 18, 19, 20 (2), 28 (2), 29, 36, 37, 40, 51, 54, 56 (2), 57 (2), 58 (oben), 60, 62, 70 (unten), 71, 72 (oben)

Archiv Reutlinger General-Anzeiger: U1 (links), 14, 15, 22, 31, 41, 44, 45, 52, 70 (oben), 72 (unten), 73, 89, 91, 93

Dietmar Cyka: 6, 23, 26, 30, 32, 35, 46, 64 (2), 68, 77, 94 (4), 95 (3)

Margrid Scharf: 17, 58 (unten), 59, 74, 78, 80, 82; Peter Tölz: 83, 84, 85; Ursel Trompeter-Mak: 25, 55; Friedhelm Judt: 88, 90; Kurt Müller: 33, 34; Klaus Menton: 38 (2); Giovanni La Gamma: 38 (1); Werner Früh: 53; Hermann Mayer: 86; Thomas Deuschle: 92; BMW AG: U1 (rechts).

Titelfotos

Reutlingen nach der Enttrümmerung. Friedrich List erwies sich zwar als standhaft, aber in der Karlstraße, der Bahnhofstraße und der Liststraße blieb kaum ein Stein auf dem anderen.
Die Isetta war nicht nur ein Fahrzeug, um von A nach B zu gelangen, sie war Lebensphilosophie und Zeichen einer neuen automobilen Ära in einem.

Bibliografische Information der Deutschen Nationalbibliothek

Die Deutsche Nationalbibliothek verzeichnet diese Publikation in der Deutschen Nationalbibliografie; detaillierte bibliografische Daten sind im Internet über http://dnb.d-nb.de abrufbar.

© Oertel + Spörer Verlags-GmbH + Co. KG · 2010
Postfach 16 42 · 72706 Reutlingen
Alle Rechte vorbehalten.
Lektorat: Martin Fuchs, Reutlingen
Schrift: 10 pt Meta
Satz und Reproduktion: Deuschle Werbeagentur, Reutlingen
Druck und Bindung: Oertel + Spörer Druck und Medien-GmbH + Co., Riederich
Printed in Germany
ISBN 978-3-88627-471-0

Inhalt

Vorwort

Enttrümmerung – ein Terminus, den heute kaum noch jemand kennt, der aber in der Nachkriegszeit in Deutschland oft verwendet wurde. Reutlingen war 1949 offiziell enttrümmert. Das heißt aber gewiss nicht, dass nicht noch Dutzende Bombenruinen die Straßen säumten. Die Stadt behielt noch sehr lange ein vernarbtes Antlitz.

Ich selbst bin zu jung, um aus dieser Zeit persönlich zu berichten. So »zapfte« ich eben diejenigen an, die in den 1950er-Jahren Kinder oder Jugendliche waren. Wie sah ein Bub oder ein Mädchen damals die Stadt Reutlingen? Unsere Heimatstadt. Ich bat viele meiner Bekannten, die in den frühen Vierzigern geboren sind, um Erlebnisberichte. Nicht nur nach Vergnüglichem, sondern auch nach Betrüblichem und Skurrilem fragte ich. Schließlich sollte es ja ein authentischer Lesestoff werden, der nicht nur jenen längst Vergessenes wieder in Erinnerung bringen sollte,

die diese Jahre selbst erlebt haben, nein, auch die älteren und die sehr viel jüngeren Leser sollen erfahren, wie es damals in unserer geliebten Stadt zuging. Dabei versuche ich auch, die Nebensächlichkeiten zu recherchieren und zu beschreiben, jedoch nicht nur die Dinge, die bereits in verschiedenen Publikationen der vergangenen Jahre nachzulesen sind.

Dies ist das zweite Jahrzehntbuch aus dem Hause Oertel+Spörer. Die positiven Kritiken der Leser des ersten Buches »So war's in den 1960ern – Reutlingen zwischen VW Käfer und Flower-Power« haben den Verlag und mich ermutigt, dieses vorliegende Buch über die 1950er-Jahre in Reutlingen zu schreiben und herauszubringen. Und wie auch beim ersten Band entstand hier kein reines Jahrzehntbuch, denn berichtet wird über den Zeitraum Mitte der 40er- bis Mitte der 60er-Jahre. Und alles aus Sicht der damaligen Kinder und Jugendlichen.

Ich möchte mich bei all jenen bedanken, die mir selbstlos ihre Erlebnisse ablieferten.

Dabei erlebte ich begeistert, wie bei den Lieferanten in gemeinsamen Gesprächen die Erinnerungen wieder zurückkehrten. Längst Vergessenes nahm wieder Formen an. »Weißt du noch ...?«, war der wohl am häufigsten verwendete Satzbeginn.

Es hat Spaß gemacht, mit euch die 1950er-Jahre aufzuarbeiten. Danke, liebe Margrid und lieber Dietmar, lieber Kurt und liebe Ulla sowie all ihr anderen! Danke! Ohne euch wäre dieses Buch nicht entstanden. Ich hoffe, ihr seid zufrieden mit unserem gemeinsamen Werk.

Ich wünsche allen viel Spaß beim Lesen.

Thomas Deuschle

Klein Venedig musste leider dem Ausbau der Lederstraße weichen. Im Hintergrund das Dach des Tübinger Tors und – kaum auszumachen – der Treppengiebel der Hahn'schen Mühle.

Hineingeboren in eine graue Welt

Selbst Gebäude am Marktplatz hat's erwischt, die Kachel'sche Apotheke (links) musste nur ein paar Dachziegel lassen.

Das Frühjahr 1945 war hässlich. Reutlingen wurde von den deutschen Kriegsgegnern bombardiert. Die Staffeln flogen in 6.000 Metern Höhe, warfen mehr als 1.000 Sprengbomben und mehrere Tausend Stabbrandbomben ab und rissen einen etwa 400 Meter breiten Streifen in unser Stadtbild. 11 % der Gebäude in Reutlingen waren total zerstört, 4 % schwer beschädigt und 32 % wiesen leichtere Schäden auf. Unversehrt geblieben waren lediglich 53 % der Häuser und Fabriken. Die meisten Hotels waren nicht mehr: »Kronprinz«, »Adler«, »Post« und »Traube« waren platt und ebenso die Gebäude der Dresdner Bank, der Volksbank und des Bankhauses Ruoff. Auch das Rathaus am Marktplatz und die Listhalle sanken in Schutt und Asche. Zahlreiche Geschäftshäuser waren total ausgebrannt und restlos vernichtet, gesprengt war auch die Brücke in der Hohenzollernstraße. Wohin das Auge auch blickte, türmten sich Trümmerberge links und rechts der Straße empor, insgesamt 170.000 Kubikmeter.

Die Karlstraße und die Bahnhofgegend waren wie umgepflügt. Die kurze Zeit des Fliegerangriffs reichte aus, um in unserer Stadt Bombentrichter

Stolz dokumentierten die Piloten das Bombardement aus der Vogelperspektive.

Was in Deutschland und der Welt geschah

In den ersten Nachkriegsjahren vermochte keiner sicher zu sagen, welches politische und wirtschaftliche System sich besser entwickeln würde und sich letztendlich als das brauchbarere erweisen würde: die sozialistische Planwirtschaft der Staaten des Ostblocks oder die freie Marktwirtschaft in den Nationen der westlichen Welt. Ein Arbeiter in der Ostzone verdiente nämlich ebenso viel wie einer in der jungen Bundesrepublik.

Die Wohnungsmieten und Grundnahrungsmittel waren »drüben« jedoch erheblich billiger und subventioniert. Da kam so mancher ins Grübeln. Auch verstanden es die Propagandisten der »DDR« mit ausgeklügelter Rhetorik, uns ein kommunistisches Arbeiter- und Bauernparadies vorzugaukeln.

Unmittelbar nach der Währungsreform 1949, spätestens jedoch in den frühen 50ern, zeichnete sich mehr und mehr ab, wohin der Hase läuft, und die Bundesbürger begannen, die Brüder in der Ostzone, auch SBZ (sowjetisch besetzte Zone) genannt, zu bedauern. Eine antikommunistische Stimmung wuchs heran.

Das Zeitalter der Raumfahrt begann zaghaft. Und das Zeitalter eines vereinten Europa.

Lebensmittelkarten wurden noch bis Anfang der 50er ausgegeben.

an Bombentrichter zu hinterlassen, zerrissene Gleise, unterbrochene Versorgungsleitungen, umgekippte Güterwaggons. Der elende Krieg, unsere vielen Kriegsopfer, der allgegenwärtige Hunger und nun der furchtbare Schrecken des Bombardements hatte aus den Reutlinger Bürgern apathische Menschen gemacht. Trotz der Tiefflieger, die unaufhörlich schossen, versuchten verzweifelte Menschen ihr Hab und Gut zu retten. Tausende hatten bis auf ihr nacktes Leben alles verloren und waren obdachlos.

Eine große Zahl an Flüchtlingen und Vertriebenen schob in die Stadt hinein. Pommern, Ostpreußen, Schlesier, Sudetendeutsche und Donauschwaben. Dazu kamen noch die Flüchtlinge aus der sowjetisch besetzten Zone, die damals noch nicht DDR genannt wurde. Sie alle hatten ihren Wohlstand in der Heimat gelassen und besaßen nur das, was sie tragen konnten. Dies verschlimmerte noch die Wohnungssituation, denn auch sie brauchten eine neue Bleibe. Die Eigentümer und Bewohner der unversehrten Häuser mussten all diese Menschen aufnehmen und unterbringen. Freiwillig oder auf Anordnung der Obrigkeit. Auch hier sprach die französische Besatzung ein gewichtiges Wörtchen mit. Ganze Familien teilten sich ein kleines Zimmer, jede Besenkammer barg ein Bett. Auch die Keller und Dachböden mussten als Quartiere herhalten.

Dennoch!

Ein unbeugsamer Lebenswille zeichnete die Reutlinger aus. Ihre Leistungsbereitschaft ließ alles das, was im Frühjahr 1945 vernichtet wurde, wieder neu entstehen. Meist schöner und moderner. Wie Phoenix aus der Asche erwachte die Stadt aus ihrer nur kurz während Lethargie. Jeder wusste, was zu tun ist, jeder packte mit aller Kraft mit an. Schon wenige

Burgholzsiedlung. Ein Reihenhäuschen war der Traum einer jeden Familie.

Unser Marktplatz 1953. Das Modehaus Haux hatte die hässliche Bombenlücke mit einer breiten Schaufensterfront geschlossen.

Jahre nach dem Kriege sprach man vom wieder aufgebauten Reutlingen. In der Tat, in unserer Stadt ging alles etwas schneller als in vergleichbaren anderen Städten. Insbesondere die industrielle Entwicklung fand in einem solchen Tempo statt, dass es manchem Außenstehenden die Sprache verschlug. Vom sozialen Wohnungsbau ganz zu schweigen. Auch hier stand unsere Stadt an der Spitze.

Bereits acht Jahre später, 1953, waren 1.250 Eigenheime von der GWG erstellt und fast 600 durch eigene Initiative. Von den 516 total zerstörten Gebäuden waren 383 wieder aufgebaut. 91 mussten jedoch endgültig weichen, weil der Platz für eine »moderne« Stadtplanung benötigt wurde. Damals sahen es die Stadtoberen unter Oberbürgermeister Kalbfell als große Chance, die Bundesstraße vierspurig durch Reutlingen zu führen. Später freilich stellte genau dies den Hemmschuh für eine Stadtumgehung dar. Der Scheibengipfeltunnel, welcher ja bereits seit den 1960er-Jahren im Gespräch ist, wäre sicherlich sehr viel früher genehmigt und gebaut worden, wenn unsere Stadt ein noch schlimmeres

1950

Januar 1950
- *Israel erklärt Jerusalem zur Hauptstadt.*
- *US-Präsident Truman ordnet den Bau der Wasserstoffbombe an.*

Februar 1950
- *Die Sowjetunion und die Volksrepublik China schließen ein Verteidigungsbündnis auf 30 Jahre ab.*

März 1950
- *Das Saarabkommen sieht eine engere Anlehnung des Saarlandes an Frankreich vor.*

April 1950
- *Die letzten Lebensmittelmarken verlieren ihre Gültigkeit.*

Mai 1950
- *Die CDU formiert sich bundesweit und wählt Konrad Adenauer zu ihrem Vorsitzenden.*
- *In der Außenministerkonferenz der Westmächte in London wird die Sowjetunion zur Rückführung aller deutschen Kriegsgefangenen aufgefordert.*

Juni 1950
- *Beginn des Koreakriegs: Nordkoreanische Truppen fallen in Südkorea ein.*
- *Die Bundesrepublik Deutschland tritt dem Europarat bei.*
- *Der VfB Stuttgart wird deutscher Fußballmeister.*

Die Römerschanzsiedlung schoss förmlich aus dem Boden. Der GWG sei Dank.

Verfügung zu stellen, diese war jedoch ratzfatz leer. Ein »Schwartenmagenspülstein« in der Küche, sonst nichts. Das waren die grobkeramischen Spülsteine, deren Oberfläche jener Wurstspezialität glichen. Wir erhielten 1.500 DM zur Beschaffung des Nötigsten. Weit kam eine vierköpfige Familie damit zwar nicht, es war aber besser als nichts. Wir richteten uns eben behelfsmäßig ein und hofften, dass dieser Zustand so schnell wie möglich vorüberging. Er sollte jedoch noch Jahre anhalten, bevor wir unser Hab und Gut wieder zurückbekamen. Allerdings erkannten wir unsere Wohnung nicht mehr. Die »Gäste« hatten unsere Möbel ziemlich »heruntergewohnt«.

Nadelöhr für den Durchgangsverkehr dargestellt hätte.

Die Auswirkungen des Fliegerangriffs waren nach wenigen Jahren kaum noch im Stadtbild auszumachen, das Grauen des Jahres 1945 jedoch blieb uns nachhaltig in prägender Erinnerung.

Besatzungsverdrängte und Hausratshilfen

Und plötzlich saßen wir auf der Straße. Nicht, dass unser Haus eine Bombe abbekommen hätte, nein, die Franzosen hatten unser Privateigentum kurzerhand beschlagnahmt und eine Offiziersfamilie darin untergebracht. Persönliche Dinge, etwa Kleidung, durften wir an uns nehmen, alles andere jedoch musste im Haus verbleiben. Das Mobiliar etwa und das Geschirr. Über Nacht waren wir »Besatzungsverdrängte«. Die Stadt bemühte sich zwar, uns relativ zeitnah eine Wohnung zur

Viele Begriffe von damals gibt es nicht mehr im heutigen Sprachgebrauch – zum Beispiel Besatzungsverdrängte, Requisitionsvergütung, Besatzungskostenhaushalt und Hausratshilfe.

Hausratshilfe erhielten diejenigen, die existenznotwendigen Hausrat verloren hatten und somit ein sofortiger und dringender Bedarf vorhanden war. Es gab 100 DM für den Antragsteller und 50 DM für jeden Angehörigen. Die Beträge waren zweckgebunden und durften ausschließlich zur Beschaffung von Hausrat verwendet werden. Wie weit man selbst in den frühen Fünfzigern mit so einer Summe wohl kam?

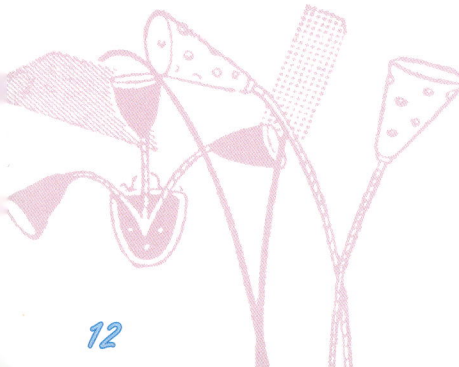

Karlstraße mit neuem Gesicht

1952 hat das im Krieg stark zerstörte Karlstraßengebiet eine grundlegend neue Gestaltung erfahren. Dies war nur möglich, weil die Stadt dort 6 Hektar Ruinengrundstücke für insgesamt 1,4 Millionen DM erwarb. Nun war ein großzügiger Wiederaufbauplan möglich. Die Karlstraße erhielt ein »Großstadtgesicht« und entwickelte sich neben der Wilhelmstraße zur wichtigsten Geschäftsstraße.

Aber Reutlingen kaufte nicht nur Boden (im Jahr 1952 waren es 33 ha), sondern sie gab auch 24 ha ab, etwa um den Siedlungsbau zu ermöglichen. Auch Gewerbebetriebe wurden umgesiedelt. Zum Beispiel die Spedition Hasenauer. Vor dem Krieg befand sie sich in der Bismarckstraße/Ecke Karlstraße. 1945 wurde das Anwesen total zerstört. Dieses Gelände erwarb die Stadt und stellte der Firma, die bereits 1859 bahnamtlicher Rollfuhrunternehmer wurde, ein größeres Gelände in der Sondelfinger Straße zur Verfügung.

Der Hotelneubau des »Parkhotels Friedrich List« harrte seiner Erstellung, samt der Neugestaltung des

Vor dem hypermodernen Kaufhaus Merkur. Die Lücke hinter der Tankstelle wurde bald darauf mit unserem ersten Hochhaus geschlossen.

Juli 1950
- *Walter Ulbricht wird Generalsekretär der SED in der DDR.*
- *Der Zentralrat der Juden wird gegründet.*

August 1950
- *Die ARD wird gegründet.*
- *In Indien sterben 1.500 Menschen durch ein Erdbeben.*

September 1950
- *Die erste Volkszählung wird durchgeführt.*
- *»Schwarzwaldmädel« wird der erste deutsche Farbfilm der Nachkriegszeit.*

Oktober 1950
- *Der Bundesgerichtshof in Karlsruhe nimmt seine Tätigkeit auf.*
- *Hermann Ehlers (CDU) wird Bundestagspräsident.*

November 1950
- *Präsident Truman droht im Koreakrieg mit dem Abwurf einer Atombombe.*

Dezember 1950
- *Das Oberkommando für Europa wird von General Eisenhower übernommen.*

1951

Januar 1951
- *Die neue deutsche Nationalhymne wird durch Bundespräsident Theodor Heuss vorgestellt.*

Listplatzes, ebenso der neue Bus-
bahnhof, der stündlich 150 Busse
empfing und entließ. Auch ein
Hochhaus war projektiert. Schließlich
erwarb Herr Horten ein großes Areal,
um das Kaufhaus Merkur zu bauen.
Es brummte in Reutlingen.

Im Februar 1950 wurde für die Karl-,
Kaiser- und Tübinger Straße eine
elektrische Beleuchtung beschlossen.
400 neue Gasbrennstellen wurden
jedoch auch noch im Stadtgebiet neu
geschaffen. Nicht alles auf einmal,
dachten vermutlich die Stadtoberen
unter dem bekannten und langjähri-
gen Oberbürgermeister Kalbfell. Auch
der technische Fortschritt braucht
seine Zeit. Wir erinnern uns noch
genau, wie diese gusseisernen
Gaslaternen aussahen: Auf dem
Laternenpfahl in verschnörkeltem
Jugendstil saß ein tulpenförmiger
Glasschirm, der einen ebenso gusseisernen Hut trug. In ihm waren bis zu
vier Glühstrümpfe befestigt. Am
Abend ging ein städtischer Angestell-
ter mit einer langen Zündstange
herum und entzündete die Straßen-
lampen. Des Morgens wurde der
Gasfluss dann einfach abgedreht.
Manchmal brannten die nostalgi-
schen Laternen aber auch tagsüber,
ob aus Nachlässigkeit oder weil es
letztendlich billiger war, als den Herrn

Die neue Karlstraße – Blick vom Hochhaus in Richtung Osten.

Und hier der Blick vom Hochhaus in Richtung Westen.

- Hildegard Knef löst mit einer Nacktszene in dem Film »Die Sünderin« einen Skandal aus.

Februar 1951
- Der Schah von Persien Reza Pahlavi heiratet Soraya.

März 1951
- Bundeskanzler Konrad Adenauer übernimmt auch das Amt des Außenministers.

April 1951
- Die erste deutsche Automobilausstellung findet in Frankfurt statt.

Mai 1951
- Der Europarat macht die Bundesrepublik zum Vollmitglied.
- In Schweden wird eine neue Verpackung für Milch vorgestellt: Tetra Pak®.

Juni 1951
- Die Alliierten vollstrecken die letzten Todesurteile gegen Naziverbrecher.

Juli 1951
- Die Bundesrepublik Deutschland wird Mitglied in der UNESCO.

August 1951
- Die Langspielplatte mit $33\frac{1}{3}$ Umdrehungen in der Minute wird vorgestellt.

September 1951
- Griechenland und die Türkei werden NATO-Mitglieder.

Die Karlstraße erhielt ein modernes Antlitz.

Je nach Außentemperatur quietschte die »Funken-Chaise« (sprich: Fonkaschääs) mehr oder weniger um die Kurven. Beim Bruderhaus ging es rechts ab nach Betzingen.

Laternenanzünder in Marsch zu setzen, sei mal dahingestellt. Jener erhielt ja damals sicherlich auch etwa 1,50 DM Stundenlohn, wie die meisten Arbeiter. Bei einer 48-Stunden-Woche kamen so etwa 70 Mark zusammen und im Monat dann 300 Mark. So kurz nach der Währungsreform 1949, als jeder Kopf 40 neue DM erhielt, war dies kein schlechter Lohn.

Reutlingen wird farbiger

Die 1950er-Jahre entwickelten sich daher knallbunt. Es war das Bedürfnis der Bevölkerung nach den graubraunen Nachkriegsjahren endlich Farben in ihr Leben zu rufen. Tomatenrot, Froschgrün, Himmelblau, Zitronengelb – aber auch Babyrosa und andere pastellfarbene Nuancen – Hauptsache: nicht mehr staubig und trist. Die Farbpalette der Automobilindustrie präsentierte sich wie ein Tuschkasten, Silber oder Metallicfarben gab's noch nicht. Nur die Limousinen durften schwarz sein, je kleiner jedoch das Auto, desto fröhlicher der Lack.

Auch in die Wohnzimmer zogen die Farben ein. So klebte Papa Tapeten an die Wand mit gegenständlichen Motiven, etwa Pariser Straßenszenen, von Illustratoren mit lockeren

*Nierentischchen und Klubsesselchen – größere Möbel
passten in die kleinen Räume der Reihenhäuser in der Burgholzsiedlung nicht hinein.*

Pinselschwüngen und willkürlichen Farbklecksen gestaltet. Auch Leuchten, Porzellan, Bekleidung – alles strahlte um die Wette.

Kaum eine Familie hatte in den vergangenen 20 Jahren neue Einrichtungsgegenstände oder Möbel erworben, der Krieg und die ersten Aufbaujahre ließen dies einfach nicht zu. Nach und nach jedoch standen die schweren und sperrigen Wohnzimmerbüfetts, die wuchtigen Couchgarnituren der Dreißiger und auch die voluminösen Deckenlampen auf der Straße, um von den Sperrmüllwerkern abgeholt zu werden. In die meist kleinen Räume der Nachkriegsbauten fanden dann Möbel im leichten Stil, mit abgerundeten Ecken und farbigen Kunststoffoberflächen Einzug. Eben in jenem Stil, den wir heute als den der 50er-Jahre bezeichnen. Wir erinnern uns an Nierentische, umrundet von Klubsesseln mit Kunststoffbezug und illuminiert von bunten Tütenlampen. Die schweren, barocken Vorhänge wichen luftigen Tüllstoffen, ja selbst das Kaffeeservice schrumpfte und wir lachten darüber, dass die Tassen in Opas knorriger Hand aussahen wie Puppengeschirr.

Oktober 1951

• *US-Präsident Truman verkündet das Ende des Kriegszustandes mit Deutschland.*

November 1951

• *Die Bundesregierung beantragt beim Bundesverfassungsgericht das Verbot der Kommunistischen Partei Deutschlands (KPD).*

Dezember 1951

• *Gründung der Schriftstellververeinigung P.E.N. in der Bundesrepublik.*

1952

Januar 1952

• *Der Bundestag ratifiziert den Vertrag zur Gründung der Montanunion.*
• *Bei Ford in Köln werden die ersten Autos produziert.*

Februar 1952

• *In Großbritannien wird Elizabeth II. Königin.*
• *9,6 Millionen Flüchtlinge leben in der Bundesrepublik.*
• *Künftig erhalten Autofahrer Prämien für unfallfreies Fahren.*

März 1952

• *Die Briten geben die Nordseeinsel Helgoland an Deutschland zurück.*

April 1952

• *Die Länder Baden, Württemberg-Baden und Württemberg-Hohenzollern vereinen sich zum Bundesland Baden-Württemberg.*

Die abwechslungsreichen Fünfziger

Mit etwas Wehmut erinnern wir uns an sie. Ist es nicht eine gnädige Eigenschaft des menschlichen Gedächtnisses, dass die schönen Erlebnisse in guter Erinnerung bleiben und die weniger schönen mehr und mehr verblassen?

Noch heute haben wir die Geschmacksexplosion auf der Zunge, die wir erlebten, als wir das erste Mal in eine Banane beißen durften, aber an den Brechreiz verursachenden Esslöffel voll Lebertran, den uns unsere fürsorglichen Mütter nach der Schule verabreichten, wollen wir eher nicht so gerne zurückdenken.

Wir bettelten am Frühstückstisch: »Papa, erzähl vom Krieg!« Dass bereits der Koreakrieg wieder 4 Millionen Tote einforderte, war für uns eine abstrakte Vorstellung. Korea war weit fort.

Die »neue Mobilität« erlaubte uns, anderes zu sehen als nur die Heimat. Italien wird die Urlaubsdestination.

Vor der großen »Ampelplage« winkte uns noch ein freundlicher Schupo über den Ledergraben bei den Lindachgaragen. Genau hier ist heute der ADAC.

Unsere »Freunde und Helfer« saßen in noblen Funkstreifenwagen aus Untertürkheim. Zumindest bis der Käfer Einzug fand.

Ein 19 Tonnen schweres Ungetüm, der Röhrencomputer UNIVAC 1, lässt uns '52 erahnen, was diesbezüglich auf uns noch zukommen sollte. Über Ingrid Bergman in »Casablanca« und Hildegard Knef in »Die Sünderin« dürfen leider nur die Großen schwärmen. Aber für uns kommen neue Medien in den Schreibwarenhandel: Micky Maus und Bravo.

Aus den Polizeiakten ...
Ein lediger Bergmann, der sich seit einiger Zeit im Lande herumtreibt und hier keinen festen Wohnsitz hat, entwendete im Treppenhaus des Bürgermeisters Mohl aus Kleinengstingen ein Paar neue Socken. In Ödenwaldstetten konnte der Dieb aufgegriffen und festgenommen werden.

Die kleine Margrid *erhält von der Großmutter eine Banane vom Reutlinger Wochenmarkt mitgebracht. Es ist die erste ihres Lebens. Das Mädchen, fünf Jahre alt, nimmt die Frucht in die Hand, betastet und beäugt sie lange. Dann fragt sie zweifelnd die Oma: »Kah m'r dui etwa ässa?«*

Mai 1952
- *Der Vertrag zur Gründung der Europäischen Verteidigungsgemeinschaft (EVG) wird unterzeichnet.*

Juni 1952
- *Flächenbombardement Nordkoreas durch die USA.*
- *Die überregionale Tageszeitung BILD kommt auf den Markt.*

Juli 1952
- *Die Volkskammer der DDR wandelt die fünf ostdeutschen Länder in 14 Bezirke.*

August 1952
- *Die Bundesrepublik Deutschland wird Mitglied im Internationalen Währungsfonds (IWF).*

September 1952
- *In den USA wird die erste künstliche Herzklappe eingesetzt.*

Oktober 1952
- *Die Briten zünden die erste Atombombe vor den australischen Montebello-Inseln.*

November 1952
- *Der Republikaner Dwight D. Eisenhower wird Präsident der USA.*
- *Die Amerikaner zünden im Pazifik als Test die erste Wasserstoffbombe.*

Auch damals schon wurde die Wilhelmstraße weihnachtlich illuminiert.

Nächtliche Impression beim »Deutschen Haus«. Heute ist hier der Zentrale Omnibusbahnhof.

Der Begriff Bundeskanzler war fest verwoben mit Konrad Adenauer, der von 1949 bis 1963 an der Macht blieb und dann nur schweren Herzens abdankte. Man bezeichnete die 1950er-Jahre auch treffend als Ära Adenauer.

Einige Buben in der Tübinger Vorstadt hatten ein besonderes Vergnügen daran, an den Gaslaternen die Glasschirme abzuschießen. Hierzu bedienten sie sich eines Dreißig-Liter-Kuttereimers (keiner nannte sie Mülleimer).

Die Deckel waren an diesen Modellen noch lose, schlossen aber wegen der Geruchsentwicklung ziemlich fest. Die Lausebengel stellten die leeren Kuttereimer unter eine Gaslaterne, legten einige Kalziumkarbidstücke hinein und beträufelten sie mit etwas Wasser. Danach wurde der Deckel fest geschlossen, so entstand in dem abgedichteten Volumen ein explosives Gasgemisch. Dieses wurde durch ein vorhandenes Loch im Eimer entzündet. Die Explosion schleuderte den Deckel dann mit lautem Knall in die Luft. Wem es mit dieser zweifelhaften Technik gelang, den Glasschirm zu treffen und sogar herunterzuschießen, war der König. Nach dem Knall hieß es aber »abhaua«. Vermutlich sangen sie dazu lauthals:

»O Gasladern, o Gasladern, wie haben dich die Kinder gern ...«
Karbid war damals wegen der Verwendung in Karbidfahrradlampen leicht verfügbar.

Der Volksaufstand vom 17. Juni 1953, an dem die »deutschen Brüder« in Ostberlin auf die Straße gingen, war tagelang Thema in der Schule. An den Sowjets, die die Demonstration blutig niederschlugen, wurde von unseren Eltern und den Lehrern kein gutes Haar gelassen. Der Kalte Krieg war eiskalt.

Die Buben träumten von der Corvette, die Chevrolet 1953 auf den Markt brachte. Ein Automobil wie kein zweites.

Den Flügeltürer von Mercedes hätten wir auch furchtbar gerne mal gesehen. Obwohl er im nahen Türkheim gebaut wurde, bekamen wir keinen einzigen jemals zu Gesicht.

Mit dem »Wunder von Bern« entschied sich das deutsche Volk 1954, in Zukunft Fußball als publikumswirksamste Sportart zu pflegen.

Die Buben träumten von einer Karriere als Pilot in einer Super Constellation, von den »Insidern« in den Schulbänken stets lax als »Super-Connie« bezeichnet. Dieses viermotorige Propellerflugzeug war das Nonplusultra in der Luft. Es flog nonstop bis Amerika. Für ein Ticket hätte Papa etwa ein halbes Jahresgehalt bezahlen müssen. Die Mädchen hingegen gaben sich mit dem Traum zufrieden, einmal Stewardess im selben Liner sein zu dürfen. Pilotin zu werden war unvorstellbar!

Bill Haley prägte 1954 unseren Musikgeschmack nachhaltig mit einem einzigen erfolgreichen Song: Mit »Rock around the Clock« läutete er das Rock 'n' Roll-Zeitalter ein. Eine Käferplage schwallte dann ab 1960 von Liverpool in England über den Kanal – die Beatles prägten fortan die Musikszene und führten die Beatmusik ein.

Die Sowjets ließen 1957 den ersten Sputnik in die Luft. Die Presse berichtete fleißig darüber und die westliche Welt erzitterte im »Sputnikschock«. Diese vermeintliche technische Überlegenheit des Ostens beschleunigte die Gründung der NATO, dem westlichen Verteidigungsbündnis.

In der Wilhelmstraße wollte ein Lehrling mit seinem Rad in die Hirschgasse einbiegen und stieß dabei mit einem Kradfahrer aus Bronnweiler zusammen. Dieser war so erbost, dass er den Jungen mehrfach ins Gesicht schlug und gegen ihn trat. Die Passanten waren über dieses merkwürdige Verhalten aufgebracht.

Dezember 1952
- *In der Bundesrepublik sind 1.000 Fernsehanschlüsse registriert.*
- *Der NDR strahlt regelmäßig Sendungen aus.*
- *Eine Smogkatastrophe fordert in London mehrere Tausend Todesopfer.*

1953

Januar 1953
- *Der VW-Käfer kostet 4.200 DM.*
- *Erstausstrahlung der Augsburger Puppenkiste.*

Februar 1953
- *Die Flutkatastrophe in den Niederlanden (Mündungsgebiet von Rhein, Maas und Schelde) fordert 1.853 Menschenleben.*

März 1953
- *Josef Stalin stirbt.*
- *Das deutsch-israelische Wiedergutmachungsabkommen wird verabschiedet.*

April 1953
- *Die DNA-Struktur wird von Crick und Watson entdeckt.*

Mai 1953
- *Die Deutsche Welle nimmt ihren Sendebetrieb auf.*

Juni 1953
- *Am 17. Juni erfolgt der Volksaufstand in der DDR.*

Sportplätze und unser Fußballstadion

Vor dem Krieg besaß Reutlingen sechs Sportplätze. Während des Krieges wurden die meisten davon für den Gemüseanbau zur Verfügung gestellt. Nach dem Krieg vereinnahmten die französischen Besatzer einen Platz für Leibesübungen der Soldaten – kurzum, die Stadt hatte großen Bedarf an neuen Sportanlagen. 1950 wurde daher der Bau des SSV-Stadions an der Kreuzeiche (die ja bekanntlich eine Linde war) vom Gemeinderat genehmigt.

Der SSV gehört mit 1.300 Mitgliedern zu den größten Vereinen Reutlingens.

Noch mehr Mitglieder hatte jedoch die Ortsgruppe Reutlingen des insgesamt 40.000 Mitglieder zählenden Schwäbischen Albvereins aufzuweisen: nämlich 1.460.

Der Sportplatz an der Kreuzeiche, noch mit einem bescheidenen Tribünenbau. Leider würde er heute wieder ausreichen.

Das alte SSV-Stadion in der Ringelbachstraße. Den Spielern ist es offensichtlich kalt.

Juli 1953
- *Ende des Koreakriegs.*

August 1953
- *Die gesetzliche Rentenversicherung BfA wird gegründet.*
- *Die Sowjetunion zündet ihre erste Wasserstoffbombe.*
- *Im deutschen Fernsehen wird zum ersten Mal »Der Internationale Frühschoppen« mit Werner Höfer ausgestrahlt.*

September 1953
- *Konrad Adenauer wird als Kanzler bestätigt.*
- *Piccard taucht im Tyrrhenischen Meer 3.150 Meter tief.*

Oktober 1953
- *Im Grenzverkehr zwischen Deutschland und den Niederlanden wird kein Visum mehr benötigt.*

November 1953
- *Die Douglas Skyrocket erreicht zweifache Schallgeschwindigkeit.*

Dezember 1953
- *Die Bell X-1A erreicht mehr als doppelte Schallgeschwindigkeit mit gemessenen Mach 2,44.*

1954

Januar 1954
- *Die »Nautilus«, das erste atomgetriebene U-Boot, wird von der US-Marine in Dienst gestellt.*

Der Sonntagsausflug

Wie wir ihn hassten, den Sonntagsausflug. Montag bis Samstag hatten wir ja alle reichlich zu tun. Der Vater arbeitete bis spät am Abend, die Mutter konnte von einer Geschirrspülmaschine, einer Waschmaschine oder gar von einem Wäschetrockner allenfalls träumen, während sie der wöchentliche Waschtag in die Waschküche zwang. Es sollte noch viele Jahre dauern, bis das erste Gerät zu ihrer Entlastung angeschafft wurde – kurzum, auch ihr Tag war meist zu kurz. Und wir hatten mit unserer Sechstagewoche in der Schule ebenfalls kaum Freizeit.

Wer mochte es also den Eltern verdenken, dass sie bei schönem sonntäglichem Wetter hinaus wollten. Mit der ganzen Familie natürlich und nicht allzu weit. Mal auf die Achalm, mal in den Wasenwald, aber durchaus auch mal ins Kloster Bebenhausen oder auf den Lichtenstein. Alles wäre ja zu ertragen gewesen, nicht jedoch die Kleidervorschrift. Alle warfen sich in den »Sonntagsstaat«. Das schönste Kleidungsstück, welches der Kleiderschrank hergab, war gerade gut genug für unsere Spaziergänge. Sandalen und weiße Kniestrümpfe zum Beispiel, die jedoch nach dem Ausflug genauso weiß sein mussten. Wir achteten auf jeden Schritt, umgingen Pfützen meterweit, wichen keinen Zentimeter vom Weg ab. Egal, was abseits lockte. Kein Jägerhochstand durfte erklettert werden, keine Schaukel besetzt. Wasser jeder Art war tabu. Zu allem Überfluss zückte Papa dann auch noch seine Dacora-Kamera und fotografierte uns. Ein

Fotoapparat aus dem Hause Dangelmaier musste es bei den Reutlingern schon sein. Schließlich sollte ja jeder patriotisch die heimische Industrie unterstützen.

Bereits 1950 stand die Achalm schon einmal zum Verkauf. Oberbürgermeister Kalbfell bot der Hofkammer 70.000 Mark für den Berg. Die Hofkammer verhandelte parallel aber auch mit dem Schäfer Hausch. Dieser bot 100.000 Mark und erhielt den Zuschlag. Nun wollte Oberbürgermeister Kalbfell vom Vorkaufsrecht Gebrauch machen, welches jede Gemeinde auf Immobilien und Grundstücke hat. Die Hofkammer widersprach. Auch vor Gericht erhielt die Stadt eine Absage, und so verblieb der »schönste Berg der Welt« wie Ludwig Uhland zu sagen pflegte, im Familienbesitz des Schäfers.

Der OB meinte danach tröstend: »Nachdem der Berg ja nicht weglaufen kann, hat sich die Stadt bestimmt nicht das letzte Mal über einen Erwerb unterhalten.« Und tatsächlich – 2009 gelang es den Stadtoberen schließlich, den Berg als Besitz einzufahren. Zum ersten Mal in der Stadtgeschichte und für eine deutlich siebenstellige Eurosumme. Soll noch mal einer sagen, dass mit der Schäferei kein Geld zu verdienen ist!

Frieda G. – Engelmacherin

Im März 1950 wurde die Reutlinger in Frieda G. wegen Totschlags zu 2½ Jahren Zuchthaus und anschließend 3 Jahre Ehrverlust verurteilt. Sie war eine »Engelmacherin«, die in ihrer Wohnung illegal ungewollte Föten abtrieb. Die hygienischen Bedingungen waren entsetzlich und die Instrumente hatten nichts mit medizinischem Gerät zu tun. Stricknadeln, Luftpumpen und giftige Chemikalien waren ihr Handwerkszeug.

Das Ergebnis dieser stümperhaften Abtreibungen waren daher häufig starke Blutungen, heftige Infektionen und Unfruchtbarkeit.

Auch den Tod fanden manche junge Frauen. So eben auch eine gewisse Wittel, die in einem Wäschekorb liegend tot in der Echaz gefunden wurde. Nach dem Eingriff ist sie verblutet und wurde kurzerhand entsorgt. Sie war unbekleidet, die Kleider fanden sich jedoch ebenfalls in der Echaz.

Die Ermittlungen der Polizei überführten schnell jene Frieda G.

Für den Sonntagsausflug im Wasenwald schmiss sich die ganze Familie in Schale.

- *Gamal Abdel Nasser wird Präsident von Ägypten.*

März 1954

- *Die USA zünden im Pazifik eine Wasserstoffbombe mit der 600-fachen Stärke der Hiroshimabombe.*

April 1954

- *Deutschland und Frankreich schaffen die Visumpflicht ab.*

Mai 1954

- *Der Supreme Court der USA verbietet die Rassentrennung an öffentlichen Schulen.*

Juni 1954

- *Das erste Kernkraftwerk der Welt wird in Obninsk bei Moskau in Betrieb genommen.*

Juli 1954

- *Theodor Heuss wird als Bundespräsident wiedergewählt.*
- *Elvis Presley beginnt mit dem alten Blues »That's All Right« seine Karriere als Rock'n'Roll-Star.*

August 1954

- *US-Präsident Dwight D. Eisenhower erlässt ein Gesetz, das die Mitgliedschaft in der Kommunistischen Partei der USA kriminalisiert.*

September 1954

- *Der Untergang des Fährschiffs Toyo Maru fordert in Japan 1.172 Menschenleben.*

Erinnerungen an das Reutlingen der 50er-Jahre

Garten-Tor

Spendhaus

Gymnasi...

-Bad.

Klein-Venedig

Das gut sortierte
Fotoalbum der Familie Cyka.

**Reutlingen hatte 1950 etwa 45.000 Einwohner.
In diesem Jahr tat sich in unserer Stadt einiges:**

- Im Spendhaus wurde eine Lesehalle eingerichtet: der Vorläufer der Stadtbibliothek. Kinder bis 15 Jahre erhielten eine Kinderlesehalle in der Tübinger Straße 30.

- Das Gewand Engelloch wurde erworben für den Siedlungsbau. Kosten für den Baugrund inklusive Erschließung 405.800 DM. Die Römerschanzsiedlung wird dort kurz danach erstellt werden und Wohnraum bilden für Tausende von Menschen, insbesondere Flüchtlinge und Heimatvertriebene. Das Großprojekt war mit einer Auflage verbunden: Die Wohnungen sind in der Weise zu bauen, dass sie später von jener Bevölkerungsgruppe erworben werden können, sobald sie im Besitz des »Lastenausgleichs« sind.

- Das erste Schiedweckenessen nach dem Kriege findet statt. Seit Jahren konnte dieses Reutlinger Traditionsgebäck nicht mehr in der beanspruchten Qualität gebacken werden. Die Bäcker buken lieber gar keine Schiedwecken als schlechte. Lob!

- Das »Städtische Elektrizitätswerk« und die »Reutlinger Stadtbahn- und Omnibusbetriebe« schließen sich zusammen unter der Bezeichnung »Städtische Stromversorgungs- und Verkehrsbetriebe«. Dies war der Vorläufer der Stadtwerke, die mittlerweile unter Fairenergie firmieren.

- Das Naturkundemuseum im Spendhaus erhält ein Budget in Höhe von 5.500 Mark, um damit weitere Exponate zu erwerben. So kommt Reutlingen in den Besitz eines Höhlenbärenskeletts.

- Die total zusammengebombte Liststraße wird endlich planiert und kann wieder befahren werden.

- Der Naturtheaterverein Reutlingen hat 330 Mitglieder, der Kneippverein Reutlingen 355.

- Das städtische Amt für Soforthilfe hat 820 Anträge laufen. Pro Vierteljahr werden insgesamt etwa 40.000 DM ausbezahlt. Dies macht etwas über 16 DM pro Monat und Bedürftigen.

- *Einem Erdbeben der Stärke 6,8 fallen in Algerien 1.250 Menschen zum Opfer.*

Oktober 1954
- *Großbritannien und Ägypten schließen das Suezabkommen, welches den Abzug britischer Streitkräfte vorsieht.*
- *Texas Instruments kündigt das erste Radio mit Transistortechnik an.*

November 1954
- *Der Algerienkrieg bricht aus.*
- *Eugen Gerstenmaier wird Bundestagspräsident.*

Dezember 1954
- *Das erste Schnellrestaurant Burger King öffnet in Miami.*
- *Erstmals erreicht der Ernährungsstand der Bundesrepublik Deutschland jenen der Vorkriegszeit.*

1955

Januar 1955
- *Die Bundeswehr wird gegründet.*

Februar 1955
- *Türkei, Irak und Iran schließen den Bagdadpakt für gemeinsame Militäroperationen gegen jede kurdische Separationsbewegung.*

März 1955
- *Die alliierten Dienststellen in der Bundesrepublik Deutschland werden aufgelöst. Die Besatzungszeit ist zu Ende.*

Die Schaufenster der Stadt

Die Reutlinger waren stolz auf ihre Einzelhändler. Bereits etwa 10 Jahre nach dem totalen Zusammenbruch aller Wirtschaftssysteme und der hoffnungslosen Zerstörung der Stadt war es wieder ein Vergnügen, durch die Wilhelmstraße zu bummeln. Und nicht nur wir Reutlinger genossen das neue Einkaufserlebnis, nein, die Einzelhändler zogen die Kundschaft von weit her an. Seit jeher war Reutlingen Einkaufsstadt, eigentlich bereits seit dem 13. Jahrhundert, als ihr das Recht zuerteilt wurde, Märkte abzuhalten.

Um diesen Status wieder zu erreichen, musste von den Krämern viel geleistet werden. Neben der verarbeitenden Industrie erbrachte wohl keine Branche eine ähnlich mächtige Wiederaufbauleistung wie der Einzelhandel. Nach 1945 war die Situation entsetzlich. Selbst wenn der Laden noch stand, elementares Equipment wie Regale, Waagen und Registrierkassen waren vom Besatzer beschlagnahmt. Dabei erging es uns in unserer französisch besetzten Zone viel schlimmer als jenen, die ab der Sektorengrenze bei Bempflingen von den Amerikanern besetzt waren. Denen wurde die Einrichtung nicht

Die Wilhelmstraße, auch liebevoll »Baddegass« genannt, war unsere Einkaufsmeile.

Bei Pfannkuch war das Einkaufen »moderner« als bei Tante Emma.

Der Marktplatz mit Blick in die Rathausstraße. Die Gaststätte musste, wie viele andere Altstadtgebäude auch, Mitte der Sechzigerjahre dem Rathaus weichen.

beschlagnahmt, zu aufwendig wäre der Transport über den Atlantik in die ohnehin viel modernere »Neue Welt« gewesen. Die Franzosen konnten jedoch alles gebrauchen.

Vor diesem Scherbenhaufen sahen sich also die Reutlinger Einzelhändler, sie krempelten jedoch mit eisernem Willen die Ärmel hoch und gingen wieder ihrer Profession nach. Ein eigenes Automobil oder gar ein Lieferwagen war noch Illusion, es blieb vielen nichts anderes übrig, als die Waren mit dem Handwagen bei den Großhändlern oder dem Stückgut-Bahnhof abzuholen. Häufig war der mitarbeitende Sohn oder der Vater noch in Kriegsgefangenschaft, aber für angestelltes Personal reichten die Umsätze noch lange nicht.

Es galt in diesen Jahren zu improvisieren, zu reparieren und im Übrigen auf bessere Zeiten zu warten. Dass diese kämen, darüber bestand bei den Reutlingern kein Zweifel – allein geduldig und selbst fleißig musste man sein. Denn wie meinte schon unser Vater Werner? »Ein Wort, das nicht zur Tat wird, hat keinen Wert.«

April 1955
• *Winston Churchill tritt als Premierminister von Großbritannien zurück.*
• *Die Lufthansa fliegt zum ersten Mal nach dem Krieg von Hamburg nach München.*

Mai 1955
• *Die Bundesrepublik Deutschland wird Mitglied der NATO.*
• *Die Pariser Verträge treten in Kraft.*

Juni 1955
• *In England geht die erste Atomuhr in Betrieb.*
• *Das europäische Kernforschungslabor CERN wird gegründet.*

Juli 1955
• *Die Genfer Gipfelkonferenz, auch bekannt als Viererkonferenz, verhandelt in der Deutschlandfrage.*

August 1955
• *Das Volkswagenwerk feiert die Fertigstellung des millionsten Käfers.*

September 1955
• *Bundeskanzler Adenauer bewirkt in Moskau die Freilassung der letzten etwa 10.000 deutschen Kriegsgefangenen.*

Oktober 1955
• *Der Citroën DS 19, der sich durch seine stromlinienförmige Karosserie und eine Hydropneumatik von der Konkurrenz unterscheidet, wird vorgestellt.*

Und nun blühte die Wilhelmstraße auf. Die Schaufenster präsentierten sich in neuem Look, mächtig breit und hoch und gefüllt mit Waren aller Art. Die Dekoration hielt Einzug in die Auslagen. Es wurde wirklich präsentiert. Natürlich wurde auch die Konkurrenz größer, so hatte das Kaufhaus Merkur jüngst die Pforten geöffnet, und um unsere Textilstadt herum entstanden einige Fabrikverkäufe, die ihrerseits modische Kleidung zu mächtig reduzierten Preisen anboten. Manche Familien pilgerten buchstäblich zu den Outlets, den Begriff freilich kannte man damals noch nicht, um für jeden ein oder gleich mehrere passende Stücke zu erwerben.

Der Einzelhandel, insbesondere jener für Textilien und Schuhe, musste sich daher von diesem Wettbewerb absetzen. Dies gelang vorzüglich durch Freundlichkeit, ein ausgewogenes Sortiment und eben ein attraktiveres Einkaufserlebnis. Selbst uns Kindern wurde von einer Verkäuferin im Schuhhaus Bären-Zwissler flugs in die Schuhe geholfen und der freundliche, etwas ältere Verkäufer bei Haux oder Keim hielt uns steif, aber höflich, den neuen Anorak zur Anprobe entgegen. Wir zeigten uns natürlich solidarisch und unterstützten unsere Händler, indem wir unsere Waren und Textilien dort erwarben.

SSV und WSV – oder die Schlacht an den Schütten

Die Saisonschlussverkäufe genossen damals einen ungeheuer hohen Stellenwert.

Sowohl der Sommerschlussverkauf als auch der Winterschlussverkauf wurden jeweils so um den Ultimo herum gelegt. Da waren die Geldbeutel gefüllt. Für den Einzelhandel war es eine heiße Zeit. Das strenge Rabattgesetz ließ nur an diesen Verkaufstagen hohe Nachlässe zu. Es waren noch echte Schlussverkäufe, die zum Ziel hatten, die Läger und Regale für die neuen Kollektionen zu leeren. Selbst dringende Investitionen in Klamotten wurden von unseren Eltern bis zum WSV- oder SSV-Startschuss verzögert.

Die besten Schnäppchen fanden sich in Wühltischen nahe dem Eingang und waren dann auch am ersten Tag, ach was, nach wenigen Stunden gleich weg. Kein Wunder also, dass es regelrechte Hausfrauenschlachten mit Stoßen, Drängeln und Rempeln gab, begleitet von deftigen Worten und bösen Blicken. Es war wie ein Wettkampf – wer zuerst kommt, mahlt zuerst, oder auf Schwäbisch: »Wer zaischt kommt, mohlad zaischt.«

Hinterhofidylle in einem Krämerhaushalt der Wilhelmstraße.

Die Schlussverkäufe wurden von den Reutlingern stets sehnsüchtig erwartet. Damals gab es eben noch wirklich preisreduzierte Ware und keine Sonderproduktionen aus Fernost.

• *Die saarländische Bevölkerung lehnt in der Saarabstimmung das Saarstatut ab.*

November 1955

• *In der Nacht vom 6. zum 7. November findet in der Türkei ein Pogrom gegen Christen und Juden statt mit schwersten Menschenrechtsverletzungen und Sachschäden.*

Dezember 1955

• *Die Afroamerikanerin Rosa Parks wird in den USA verhaftet, weil sie sich weigerte, ihren Sitzplatz im Bus für einen weißen Fahrgast zu räumen.*

• *Der Europarat stellt sein Emblem vor: eine blaue Flagge mit zwölf goldenen Sternen.*

1956

Januar 1956

• *Mit der Rekrutierung von ca. 1500 Freiwilligen beginnt der Aufbau der Bundeswehr als westdeutsche Nachkriegsstreitkraft.*

Februar 1956

• *Der Stuttgarter Fernsehturm wird eröffnet als weltweit erster in Stahlbetonbauweise.*

• *Die Sowjetunion leitet die Entstalinisierung ein.*

März 1956

• *In der DDR wird die Nationale Volksarmee (NVA) gegründet.*

• *Marokko erlangt seine Unabhängigkeit von Frankreich.*

Die Verkäuferinnen kamen nicht nach, die zerfledderten Auslagen wieder zu ordnen – ruckzuck lagen sie erneut formlos da. Wir Kinder durften nicht mit an die Front. Zu gefährlich ging es an den Schütten, wie man bezeichnenderweise zu den Wühltischen auch sagte, zu. Das war wirklich nur was für harte und erprobte Mütter.

Besonders lebhaft zeigte sich das Erdgeschoss des Kaufhauses Merkur. Hochmodern war es, auch wenn es noch keine Rolltreppen gab (die wurden erst nach dem Umbau in den Sechzigern eingebaut), aber es strahlten diese neuartigen Neonröhren an der Decke, um die Auslagen ins beste Licht zu rücken. Wir standen etwas abseits und beobachteten die Erwachsenen mit Staunen. Wenn wir uns so offenbart hätten wie unsere Mütter! Eine Backpfeife wäre uns sicher gewesen. Die Männer waren Zahlmeister und Gepäckträger in einem. Wenn sie sich denn am Kampf überhaupt beteiligten, denn eigentlich mussten sie ja arbeiten. Kartons und Tragetaschen mussten nach Hause transportiert werden. Im Omnibus, weil der Individualverkehr nahezu unbekannt war.

Am Abend wurden die Trophäen dann Papa vorgeführt. Um glatt die Hälfte

Am Samstag, den 28. Juli 1951, stand im Reutlinger General-Anzeiger ein Aufruf:

Gehälter am Montag zahlen

Die Einzelhandelsgeschäfte und die Gehaltsempfänger würden es begrüßen, wenn die Firmen die Juligehälter ausnahmsweise bereits am Montag ausbezahlen würden, da am kommenden Montag der Sommerschlußverkauf beginnt und mancher Einkauf bereits am ersten Tag getätigt werden soll. An die Firmen ergeht die Bitte, diesem Wunsche nach Möglichkeit Rechnung zu tragen.

wurden Kleidung, Schuhe und Handtaschen ergattert, aber auch Bettwäsche und Porzellan. Papa schaute vergnügt mit etwas bitterer Miene. Einerseits freute er sich sicher auch über die Ersparnis, andererseits hätten wir das eine oder andere Schnäppchen eigentlich gar nicht gebraucht. Aber im Winterschlussverkauf zu Hause bleiben und zugucken müssen, wie die anderen glücklich ihre Taschen heimtrugen – das ging aus Mamas Sicht natürlich überhaupt nicht. Das böse Erwachen kam leider auch häufig, wenn ein Kleidungsstück nicht passen wollte, denn zur Anprobe blieb bei der Konkurrenz im Laden keine Zeit. Reduzierte Ware, so wussten wir alle, war selbstverständlich vom Umtausch ausgeschlossen.

Dieser ungewöhnliche Aufruf spricht Bände. Zeigt es doch deutlich, dass Anfang der Fünfziger und so kurz nach der Währungsreform noch eine »Von-der-Hand-in-den-Mund«-Mentalität vorherrschte. Kaum eine Familie hatte keine Probleme, das dürftige Gehalt bis Ultimo einzuteilen. Der Zahltag ging noch im Zahlbüro in einer Lohntüte über den Tisch. Viele Unternehmen bezahlten Wochenlöhne, lediglich die Angestellten erhielten Monatsgehälter. Es war noch absolut unüblich, sein Konto zu überziehen – die meisten hatten ohnehin kein Girokonto, Ersparnisse übertrug man auf sein Sparbüchlein und diese Beträge wurden nur in höchster Not angegriffen.

Der noch unrestaurierte Lindenbrunnen und Rexroths Hotel »Harmonie« in der oberen Wilhelmstraße.

Könnted S'es a'schreiba?

Das »Anschreibenlassen« war absolut salonfähig. Die Inhaber der etwa 80 Lebensmittel-, Kolonialwaren- und Spezereihandlungen im Stadtbereich Reutlingen boten ihrer Stammkundschaft Kredit. Es wurde angeschrieben. Manchmal noch an einer Tafel hinter dem Ladentisch. Von wegen Datenschutz, jeder Kunde konnte erkennen, welche Familie schon ab der Monatsmitte anschreiben lassen musste. Auch kam es bislang vor, dass auf die Bitte: »Könnten Sie es bitte anschreiben?« der Einwand vom Krämer zu hören war, dass ja noch einiges vom Vorvormonat angeschrieben stünde. Wohlgemerkt – in coram publico – jeder Kunde im Laden bekam diesen Satz mit. Aber natürlich dauerte es lange, bis es vom Ladeninhaber nichts mehr auf Pump gab. Angesichts des immer größer werdenden Wettbewerbs im Lebensmitteleinzelhandel war das »Anschreiben« ein sehr wirksames Kundenbindungsinstrument. Bei den Filialisten, etwa Pfannkuch und Konsum, konnte nicht angeschrieben werden. Nur beim Krämer an der Ecke. Anschreiben war auch in den Gaststätten – besser den Feierabendkneipchen – üblich. Auch hier gab der Wirt einen »Deckel«, auf dem der Verzehr bis zum nächsten Zahltag auf Ausgleich harrte. Manche Gäste

Georg und Marie Tremel führten einen typischen Tante-Emma-Laden im Dorotheenweg. Davon gab es im Stadtbereich etwa 80 Stück.

hatten schnell auch einen Stapel Bierdeckel zu bezahlen und der Lohn war zügig wieder ausgegeben. In einem jedoch waren die Anschreibenden sehr viel kulanter als die Banken von heute. Überziehungszins wurde nämlich nicht berechnet.

Marie und Georg (Schorsch) Tremel betrieben vor und während des Krieges in der Wilhelmstraße die bekannte und beliebte »Wiener Konditorei«. Sie fiel einem Bombenangriff zum Opfer. In den 50ern dann

Die Enge ließ in den Lebensmittellädchen oft nur eine chaotische Ordnung zu: Zwischen Kräuterlikör und Pulverkaffee stand die Zahncreme.

pa betrieb bereits seit Jahrzehnten ein Lebensmittelgeschäft in der Wilhelmstraße. Genau bei der Marienkirche. Von der Nordsee, dem bekannten Fischgeschäft, erhielt er, der sich ja bereits im Rentenalter befand, ein so gutes Mietangebot, dass er sich entschloss, sein Geschäft aufzugeben. Wir Kinder spekulierten auf die Auslage. Dort, im Schaufenster, lagen dekorativ Schokoladentafeln und Pralinenschachteln und warteten darauf, von uns konfisziert zu werden. Im allgemeinen Ausräumtrubel schnappten wir uns die Verpackungen, um sie in einer stillen Ecke untereinander aufzuteilen. Unsere Gesichter jedoch wurden mit jeder Tafel, die wir vom Papier befreiten, länger. Wir fanden darin nur Holztäfelchen. Ganz offensichtlich boten Waldbaur und Co. den Krämern Dekorationsmodelle an, die auch in sommerlicher Hitze im Schaufenster nicht schmolzen.

eröffneten die beiden sympathischen Franken ein bescheidenes Lebensmittelgeschäft im Dorotheenweg 2, Ecke Steinenbergstraße. Damals bescherte ein solcher »Tante-Emma-Laden« den Besitzern noch ein sicheres Einkommen. Lebensmittel wurden von der umliegenden Bevölkerung gerne dort gekauft. Erstaunlich, was auf den wenigen Quadratmetern alles Platz fand: Konserven, Getränke, Süßigkeiten, Rauchwaren, Zwieback, Suppen, Soßen, Kaffee, Tee, Seife und Waschpulver, Toilettenpapier, ja selbst Kurzwaren und kleinere Haushaltsutensilien. Gute Betreiber eines solchen Lebensmittellädchens

fungierten gleichermaßen auch als »Daagbläddle«. Wer dort Kunde war, nahm neben seinen Einkäufen auch die letzten Meldungen aus dem Viertel mit nach Hause.

Die Motorschau in Reutlingen

Im Mai 1950 wurde in Reutlingen die Motorschau durchgeführt. Die ganze Familie pilgerte an die Listhalle und die Rennwiese, welche zum Ausstellungsgelände umgestaltet wurde. Wir kamen am Pfingstsonntag schneller zu Fuß ans Ziel als die Autofahrer.

Die Automobil-Vertragshändler hatten goldene Jahre vor sich. Wie überhaupt all diejenigen, die mit der neuen Mobilität der 1950er-Jahre zu tun hatten.

- *Die Briten und die Franzosen führen eine Luftoffensive gegen Ägypten, gleichzeitig rücken israelische Truppen auf die Sinaihalbinsel vor.*

November 1956
- *Sowjetische Panzer rücken in Ungarn ein und schlagen den Ungarischen Volksaufstand nieder.*
- *Der Bayerische Rundfunk strahlt den ersten Werbespot im deutschen Fernsehen aus. Beppo Brem und Liesl Karlstadt werben für Persil.*

Dezember 1956
- *Fidel Castro landet im Osten der Insel Kuba und beginnt seinen Guerillakrieg gegen den Diktator Fulgencio Batista.*

1957

Januar 1957
- *Das Saarland tritt der Bundesrepublik Deutschland bei.*
- *Die ersten Divisionen der Bundeswehr werden unter NATO-Kommando gestellt.*
- *In Liverpool wird der »Cavern Club« eröffnet, eine Wiege der Beatmusik.*

Februar 1957
- *NSU gelingt der erste Testlauf eines Wankelmotors.*

März 1957
- *Aus der Europäischen Atomgemeinschaft und der Montanunion entsteht die Europäische Wirtschaftsgemeinschaft (EWG).*

Eine lange Schlange bildete sich bis zur Reutlinger Motorschau. Eigentlich war es ja nur ein Ereignis für die Väter.

Es wurden alle Arten von Fahrzeugen gezeigt: Pkw, Lkw, Omnibusse, Landmaschinen, Traktoren und natürlich Motorräder. Die Aussteller

Von einem Porsche konnten wir nur träumen.

Das Wort hat Guschtav Hohloch

Do letschde, wo ne mit dr Stroßabah noch Enenga g'fahra ben, hanne mai Zigärrle in ällr Gmüatsruah weitergraucht, bis me mei Nochbr en d'Seit gstupft ond auf a Däfele ditta hot, wo »Rauchen verboten« gstanda ischt. »Dees goht me nix a«, hanne gsagt, »wo käme do na, wenn e dees ällas dät, was do stoht? Do gucket Se her«, hanne zu meim Nochbr gsagt, »könnet Se lesa: ›Tragt Naturana Büstenhalter!‹ – Traget Sia oin?«

Für das Rauchen im Waggon musste der beliebte schwäbische Kommentator Gustav Hohloch, der über Jahrzehnte nicht aus dem GEA wegzudenken war, dennoch 3 Mark Strafe bezahlen, weil er vom Schaffner erwischt wurde.

waren hoch zufrieden. Vielen gingen die Prospekte aus. Ein Amerikaner kam und bezahlte ein Auto in Dollar und bar. Daraufhin nahm er es gleich mit. Auch der amerikanische Vizekonsul kam von Stuttgart nach Reutlingen und war erstaunt, was die Stadt so auf die Beine stellte.

Es war bereits die zweite Motorschau, die vorjährige war zwar vergleichsweise bescheiden, hatte jedoch mit 100.000 Besuchern schon spektakulären Erfolg. Die Motorschau 1950 zog an 10 Tagen 75.000 Besucher an und die Organisatoren träumten schon von einer Konkurrenzveranstaltung zur Automobilausstellung in Frankfurt. Diese fand stets im Herbst statt, sodass Reutlingen seine Chance im Frühjahr sah.

Die Motorschau war im Vorfeld kontrovers diskutiert worden und die Kritiker mussten nunmehr eingestehen, dass Reutlingen wahrhaftig das Zeug zur Messestadt hätte. Ja es wurde sogar erörtert, zukünftig die Schau mit motorsportlichen Veranstaltungen zu kombinieren.
Die Besucher standen staunend vor den Neuentwicklungen der Automobilindustrie. Wir hörten zum ersten Mal die Bezeichnungen Limousine

Das Freigelände der Motorschau 1950. Sie lockte Zehntausende in unsere Stadt.

für einen geschlossenen Personenkraftwagen und Kabriolett für die offene Version. Auch wurden die ersten Schiebedächer vorgeführt. Spezialfirmen boten den Einbau an, ab Werk gab es normalerweise keine Schiebedächer. Nur manche Hersteller hatten bisher Roll- oder Faltdächer angeboten. Der Einbau eines Schiebedaches kostete zwischen 400 und 600 Mark, ein recht hoher Preis für ein bisschen mehr Frischluft.

April 1957

• *Die ersten Wehrpflichtigen der Bundeswehr beginnen ihren Wehrdienst.*

Mai 1957

• *Die Internationalen Filmfestspiele von Cannes finden statt. Bester Schauspieler: John Kitzmiller in »Das Tal des Friedens«.*

Juni 1957

• *Das Gesetz über die Gleichberechtigung von Mann und Frau in der Bundesrepublik Deutschland wird erlassen.*

• *Ein Erdbeben fordert in Russland etwa 1.200 Tote.*

Juli 1957

• *Auf einem Kirchenfest in Liverpool begegnen sich John Lennon und Paul McCartney. Als Beatles werden sie mit George Harrison und Ringo Starr die bekannteste Rockband der Musikgeschichte.*

• *Ein Erdbeben fordert im Iran etwa 1.200 Opfer.*

August 1957

• *Anlässlich der Funkausstellung in Frankfurt am Main wird von der ARD die erste Sendung »Zum Blauen Bock« mit Otto Höpfner ausgestrahlt.*

September 1957

• *Bei der Bundestagswahl erreichen die Unionsparteien mit 50,2 Prozent die absolute Mehrheit.*

• *Das Musical »West Side Story« wird am New Yorker »Winter Garden Theatre« uraufgeführt.*

Im Angebot führte das Autohaus Menton damals noch Hanomag und Gutbrod.

Die Eisdiele Angelo Soravia in der Alteburgstraße lag am Fuße des Motorschaugeländes. Wie viele Kugeln sie wohl über die Schautage zusätzlich verkauft haben?

Allerdings wurde geworben, dass ein etwas geöffnetes Schiebedach recht zuverlässig die Autokrankheit verhindere.

Ford kam mit einer regelrechten Karawane in Reutlingen an. Der autorisierte Händler Gänßlen freute sich. Ford hatte einen sehr guten Ruf. In der Ausstellung waren 2- und 4-sitzige Taunus Cabriolets, Krankenwagen, Lieferwagen und Lastautos bis hin zu einem 33-sitzigen Omnibus zu bewundern. Auch Ernst Auwärter zeigte einen Überlandbus auf MAN-Basis. Der Bus hatte ein Radio eingebaut, Leselampen und Kopfstützen. Dadurch entwickelte sich der Omnibus zu einem sehr komfortablen Reisevehikel.

Das Autohaus J. Wagner stellte den neuen Tempo Hanseat vor, ein dreirädriges Nutzfahrzeug mit 14 PS für 800 Kilogramm Nutzlast. Das Autohaus Zimmermann zeigte die neue DKW-Meisterklasse. Die Leistung des Zweitakters wurde auf 23 PS erhöht.

Gerhard Beißwänger in der Stuttgarter Straße präsentierte Borgward und für die schmaleren Geldbeutel den Lloyd, auch liebevoll Leukoplastbomber genannt.

Seit 1927 gibt es das Haus Menton in Reutlingen. Da durfte ein Stand natürlich nicht fehlen.

Die aufwärtsstrebende Reutlinger Wirtschaft

In den 10 Jahren nach dem Krieg schafften die Reutlinger Industrieunternehmen 16.000 neue Arbeitsplätze. Der Wert der Jahresproduktion vervielfachte sich dabei auf 400 Millionen DM. Noch lange nach dem Krieg durften die deutschen Unternehmen nichts exportieren, dabei waren die Produkte aus unserer Heimatstadt seit jeher im Ausland begehrt. Außenhandel konnte lange nur durch einen engen Kanal des Außenhandelsmonopols der Besatzungsmacht betrieben werden. Auch für die Besatzungsmächte war die Situation nach der Kapitulation neu und sie verboten rein prophylaktisch alles, was unserer industriellen Entwicklung förderlich sein könnte. Dabei hatten wir es schwer genug, denn alles, was für einen Industrieprozess notwendig war – Strom, Kohle, Rohstoffe und Hunderte anderer Dinge – war nur sehr schwer und über dubiose Wege zu beschaffen. Alle Räder standen damals still, die Ladengeschäfte waren fast ausnahmslos geschlossen, der Warenverkehr fiel zurück in die primitivste Form des Tauschhandels.

Ware gegen Ware beherrschte den Markt, das Geld war seiner eigentlichen Funktion als Zahlungsmittel weitgehend enthoben.

Aber Reutlingen war die Stadt mit unglaublichem Schaffensdrang. Einem Fremden mag es so vorgekommen sein, dass sich alle Reutlinger in äußerster Zeitnot und Emsigkeit bewegten, dieser Zustand sei jedoch für Bürger dieser Stadt normal, wurde er dann von Einheimischen aufgeklärt.

Diesem Fremden fiel sicher auch auf, welche Produktvielfalt aus der Stadt Reutlingen entsprang. Verglichen mit den Schweinfurtern, die fast nur Kugellager, mit den Tuttlingern, die fast nur chirurgische Instrumente oder mit den Solingern, die fast nur Messer und Schneidwerkzeuge lieferten, wurde in unserer Stadt ungeheuer vielfältig produziert. Ganz vorne dabei natürlich die Textilmaschinen. Hier aber nahezu alle: Strickmaschinen, Spulmaschinen, Maschinen für die Textilveredelung und die Färberei, Egelhaaf fertigte Litzen und Emil Adolff Spulen. Berühmt war Reutlingen auch wegen der eigentlichen Textilindustrie, die weltbekannte Marken schuf. Allein in Bademoden muss hier Heinzelmann mit Orchidee und Erich Kohberger mit ErKo genannt werden. Büsing stattete

Oktober 1957

- *Die Sowjetunion startet vom Weltraumbahnhof Baikonur aus den kugelförmigen Satelliten Sputnik.*
- *In Garching bei München geht das erste bundesdeutsche Kernkraftwerk in Betrieb.*

November 1957

- *Die Frankfurter Prostituierte Rosemarie Nitribitt wird ermordet in ihrer Wohnung aufgefunden. Ihr werden Beziehungen zu Prominenten in Wirtschaft und Politik nachgesagt.*

Dezember 1957

- *Die DDR bestraft ungesetzliches Verlassen ihres Territoriums als Republikflucht.*
- *Die Stadt München erreicht eine Million Einwohner.*
- *Im VEB Sachsenring wird der erste Trabant gebaut.*
- *Ein Erdbeben der Stärke 7,3 fordert im Iran 1.130 Tote.*

1958

Januar 1958

- *In Flensburg wird die deutsche Verkehrssünderkartei eingerichtet.*
- *In Berlin beginnt das Bundeskartellamt mit seiner Arbeit.*

Februar 1958

- *Belgien, Niederlande und Luxemburg schließen sich mit dem Beneluxvertrag zu einer Wirtschaftsgemeinschaft zusammen.*

mit Porolastic sogar Olympioniken mit Trainingsanzügen aus. Die Firma Ulrich Gminder war der größte Arbeitgeber in unserer Stadt und fertigte das Produkt »Gminder-Linnen«, das weltweit an der Spitze stand. Schradin stellte Garne her (wenn auch auf Pfullinger Gemarkung) und Wendler Krageneinlagen. Von Möve kamen die hochwertigsten Frottierwaren wie Handtücher und Bademäntel. Dann war da noch das Dacora-Kamerawerk von Bernhard Dangelmaier, das bereits 7 Jahre nach der Währungsreform mehr als eine Million Kameras in 70 Länder der Welt

geliefert hatte. Seine Innovation angesichts der knappen Kassen in der Bevölkerung war die »Daci-Box«, die bei einem erstaunlich niedrigen Preis von etwa 10 Mark ganz beachtlich gute Bilder lieferte. Der Renner war jedoch die Dacora-Dignette, die sogar internationalen Mitbewerbern standhielt. Hunderte fleißiger Frauenhände montierten die Kameras im Werk zwischen Arbachbad und Südbahnhof.

Die Firma Danzer & Wessel messerte Edelfurniere aus Hölzern der ganzen Welt. Die Baumriesen kamen per

Eisenbahn an. Nicht selten wurde der Verkehr auf der Sondelfinger Straße gesperrt, um einen Güterwagen passieren zu lassen, auf dem nur ein einziger Stamm verzurrt war. Dieser wurde in mächtigen Betonbecken manchmal wochenlang gesiedet, um ihn dann in dünne Furniere zu schneiden. Im Winter dampfte es stetig auf dem Hof der Firma D & W. D & W prangte auch auf einem leuchtenden Würfel auf dem Dach. Rundherum roch es süßlich. Ein Arbeiter sei einmal in so ein Siedebecken gefallen und wurde tot geborgen. Ausgesehen hätte er danach wie eine Pellkartoffel. Genüsslich erzählten wir uns diese Geschichte auf dem Pausenhof.

Dann gab es noch die Firma Wandel & Goltermann, die erst Mitte der Fünfzigerjahre nach Eningen emigrierte, weil Reutlingen keine Flächen für die notwendige Expansion zur Verfügung stellen konnte. Neben dem Brot- und Buttergeschäft, 80 verschiedene Modelle elektronischer Messgeräte in alle Welt zu liefern, baute das Unternehmen weiterhin Autoradios mit den Namen Zikade und Gamma. Das Bruderhaus produzierte zwei bis drei Papiermaschinen jährlich, Gustav Wagner Sägemaschinen und Werkzeuge, Ernst Wagner war in Sachen Hub-

Die alte Ziegelei der Firma Emil Adolff befand sich Ecke Heppstraße/Schieferstraße. Schade, sie musste wie so viele historische Gebäude einer 4-spurigen Straße weichen.

Bunt gemischte Anzeigen in den Tageszeitungen bezeugen eine brummende Konjunktur.

• Die USA schicken ihren ersten Satelliten »Explorer 1« ins All.

März 1958

• Am 19. März tritt das Europäische Parlament zu seiner konstituieren-den Sitzung zusammen.

April 1958

• Der persische Schah lässt sich von seiner Frau Soraya wegen Kinder-losigkeit scheiden.

• In Stuttgart ereignet sich mit der Entführung des siebenjährigen Joachim Göhner das erste Kidnap-ping in der Bundesrepublik Deutschland.

• Unter dem Atomium in Brüssel beginnt die erste Weltausstellung der Nachkriegszeit.

Mai 1958

• Der FC Schalke 04 wird deutscher Fußballmeister.

Juni 1958

• Der Gastgeber Schweden unterliegt Brasilien im Finale der Fußball-WM mit 2:5. Der damals 17-jährige Pelé schoss zwei Tore.

Juli 1958

• In der Bundesrepublik Deutschland tritt das Gleichstellungsgesetz in Kraft, das Frauen gestattet, auch ohne die Zustimmung des Eheman-nes einen Beruf ausüben zu dürfen.

• Die NASA wird gegründet.

August 1958

• Das amerikanische Atom-U-Boot Nautilus unterquert den Nordpol.

wagen und Edelstahlspülen tätig. Nicht unerwähnt bleiben darf hier auch die Firma Burkhardt & Weber, die bereits seit dem Dreikaiserjahr 1888 in Reutlingen existiert. Sie baute Bohr-, Säge- und Fräsmaschinen, montierte alles in Reihe hintereinander und nannte dieses Konglomerat dann »vollautomatische Transferstraße«. Auf ihr wurden Motorblöcke für Automobile gefertigt. Kullen lieferte technische Bürsten und tut dies bis heute. Es sei darauf hingewiesen: Bis auf wenige Ausnahmen existieren die aufgezählten Unternehmen nicht mehr.

Industriegebiete im klassischen Sinne gab es zu Beginn der 50er-Jahre noch nicht in Reutlingen. Die Unternehmen lagen verstreut im ganzen Stadtgebiet. Eine Fabrik durfte bis zum Beginn des Individualverkehrs nicht allzu weit von zu Hause entfernt liegen, denn der öffentliche Nahverkehr war natürlich noch nicht in dem Maße ausgebaut wie heute. Es wurde noch auf dem Drahtesel zur Arbeit gefahren oder man ging zu Fuß. So war die Bürstenfabrik Kullen noch in der Lederstraße, die Metalltuchweberei Finckh in der Kaiserstraße (das heutige Finanzamt), die Maschinenfabrik Ulrich Kohllöffel (Dampfmaschinen) residierte Unter den Linden,

ebenso die Kittfabrik Rewela. Die Lederwarenfabriken Knapps & Schwandner und Ammer lagen an der Echaz in der Albstraße.

Alle Betriebe standen heftig im Personalwettbewerb. Allen voran die vier Metalltuchfabriken Finckh, Villforth, Wandel und Wangner. In Zeiten der blühenden Wirtschaft

Der älteste Reutlinger

Am 14. Januar 1955 gratulierte der General-Anzeiger einer »Hochbetagten« zum Geburtstag. Barbara Kurz vollendete ihren 80. Geburtstag. Der älteste Bürger Reutlingens war 95 Jahre alt.
Zum Vergleich: Im Januar 2010 lebten in Reutlingen 21 Personen, die über hundert Jahre alt waren, und 172(!) zwischen 95 und 100 Jahren.
Fast 200 Bürger sind also heute älter als der älteste vor einem halben Jahrhundert.

konnten Metallweber und Siebtuchschweißer mehrfach wechseln und sich im Lohn stets verbessern. Die vier Fabrikantenfamilien hatten es jedoch auch einfach, denn es waren die einzigen Metalltuchfabriken in ganz Deutschland. Die Familien waren teilweise miteinander verwandt oder verschwägert, ein Kartell wäre folglich recht einfach gewesen. Ein Schelm jedoch, der Böses dabei denkt.

Im Gewand »In Laisen«, wo später das erste echte Gewerbegebiet Reutlingens entstand, lagen noch die Bauernhöfe der Familien Mader und Digel. Die beiden Bauernhäuser stehen heute noch, von einem land- bzw. viehwirtschaftlichen Betrieb ist jedoch nichts mehr zu erkennen. Einer der Höfe betrieb eine Schweinemastanlage. Bei Ostwind wehte der charakteristische, penetrant eklig-süße Gestank über die Reutlinger Oststadt. Heute ist hier ein Imbiss untergebracht, umrahmt von Firmengebäuden aller Art. Das andere Bauernhaus ging im Gebäudekonglomerat der Spedition Betz unter und liegt mittlerweile an der Privatstraße des größten europäischen Straßenspediteurs.

Das Gebiet Sondelfinger Straße/ Storlachstraße/Föhrstraße beheimatete einige Unternehmen, die stark expandierten, etwa Danzer & Wessel (Furnierfabrik), die Spedition Hasenauer und Hermann Wangner (Metalltuchweberei). In der Mittnachtstraße siedelten ebenfalls nach und nach Unternehmen an, zum Beispiel Hirschburger (Spulmaschinen) oder Fröb (chemische Fabrik).

Unverändert an derselben Stelle an der Silberburgstraße stand und steht

die Firma Wafios, Weltmarktführer in Federwindemaschinen und Zaunflechtmaschinen. Kaum ein Stacheldraht oder ein Maschendrahtzaun auf der Welt, der nicht auf Maschinen von Wafios produziert wurde.
Stoll war und ist ebenfalls Weltmarktführer, und zwar in Flachstrickmaschinen.

Auch um den Südbahnhof herum siedelte sich ein Unternehmen nach dem anderen an. Maschinenfabrik Arbach (Textilausrüstungsmaschinen und Metalltuch-Webstühle), Emil Nestel (Textilmaschinen) und Karl Schwab. Dieses Kunstharzpresswerk hatte sich später auf Sanitärkunststoffprodukte spezialisiert und wurde noch Jahrzehnte später von den Reutlingern freundlich als »Scheißhausdeckel-Schwab« tituliert.

Die Gastronomie in Reutlingen

Das Adressbuch der Stadt Reutlingen von 1956 wies 86 Gaststätten, acht Hotels und sieben Cafés auf. Die Inhaber oder Pächter hießen Schenk, Geiser, Wandel, Schnierle, Ankele, Mollenkopf und auch sonst meist schwäbisch. Deutsche Namen trugen sie alle. Die wirklich einzigen

Ausnahmen waren Stefano Soravia, Eiskonditor in der Karlstraße 11, und Angelo Soravia, Eiskonditor in der Alteburgstraße 2.
Mal eben zum Italiener, zum Chinesen oder zum Griechen, das gab's damals noch nicht. Nirgendwo in Reutlingen, außer vielleicht im »Parkhotel«, wurde international gekocht. Und das »Parkhotel« war nicht billig. Nur die »oberen Zehntausend« konnten und wollten es sich leisten. Hätte man den Bürgern damals erzählt, welche Vielfalt es heute auf den Tellern der Gaststätten gibt, sie hätten ungläubig mit dem Kopf geschüttelt, uns dabei jedoch mächtig beneidet. Seien wir doch zufrieden ob der Entwicklung, denn immer nur Rostbraten oder Maultaschen ist doch recht eintönig. Man erinnere einen Nörgler daran, wenn dieser wieder mal mürrisch von sich gibt: »'s hot oifach koine deutsche Wirtschafta mai.«

Wenn wir mal von den Lokalen, die der Abrissbirne zum Opfer fielen, absehen, etwa die »Bundeshalle« in der Kaiserstraße, das »Deutsche Haus« am Wandelknoten, die »Planie-Gaststätte« und der Gasthof »Schiff« in der Tübinger Straße, stehen immer noch überraschend viele mit demselben Namen. Interessant jedoch wäre es zu erfahren, wie viele Pächterwechsel seit dieser Zeit stattgefunden haben.

September 1958
• Deutschland besiegt beim Leichtathletik-Länderkampf im Augsburger Rosenaustadion die UdSSR mit 115:105. Die Welt staunt.

Oktober 1958
• Elvis Presley leistet als Soldat der US-Armee in der Bundesrepublik Deutschland seinen Wehrdienst ab.

November 1958
• Französisch-Äquatorialafrika wird aufgelöst. Es entstehen die vier Länder Republik Kongo, Gabun, Tschad und Zentralafrikanische Republik.

Dezember 1958
• Die Europäische Zahlungsunion endet, somit werden Währungen mehrerer Staaten frei konvertierbar.
• Die ersten Autotelefone kommen auf den Markt. Sie kosten circa 50 % des Wagenpreises.

1959

Januar 1959
• Fidel Castro übernimmt in Kuba die Macht. Sein Kampfgenosse Ernesto »Che« Guevara rückt mit seinen Revolutionstruppen in Havanna ein.
• Alaska wird der 49. Bundesstaat der USA.

Februar 1959
• Die deutsche Luftwaffe erhält 300 US-Jagdflugzeuge des Typs Starfighter. Im Laufe der nächsten Jahre stürzen 260 davon ab. 110 Piloten kommen dabei ums Leben.

Viele der Gasthöfe von damals gibt es heute noch.
Das »Gerbertor« hat sich allerdings schon vor Jahrzehnten zum »Rodeo« gewandt.

Die Reutlinger Filmtheater Anfang der 50er-Jahre

Die Planie-Lichtspiele gab es noch nicht und das Scala neben dem Kaufhaus Merkur auch noch nicht. Die Bundeshalle in der Kaiserstraße und das Olympiatheater, kurz OLI, am Federnseeplatz waren als Bühnen-

Unsere Filmschau (Mai 1950)

Olympiatheater

»Das Gesetz der Prärie«

Ab heute bringt das Olympiatheater einen der bekanntesten Wildwest-Filme mit dem bekannten Cowboy-Darsteller William Boyd. Tolle Reiterkunststücke, verwegene Überfälle und halsbrecherische Verfolgung werden in hervorragender Synchronisation gezeigt. Ob es gilt, wilde Stiere unschädlich zu machen oder verwegene Banditen zur Strecke zu bringen, wenn Boyd, der König der Cowboys, auf seinem Schimmel daherrast, dann tobt und trampelt das Publikum vor Vergnügen.

Filmtheater Bundeshalle

»Schleichendes Gift«

Wegen des ungeheuer großen Andrangs musste der vorbildlich und jede Peinlichkeit ausschließende instruktive Film über Art und Wesen der Geschlechtskrankheiten verlängert werden. Der Film wird auch in der kommenden Woche in Sondervorstellungen, nach Geschlechtern getrennt, zu sehen sein.

Kinoanzeigen von damals. Hart war der Wettbewerb der verschiedenen Lichtspielhäuser.
Der Berufsstand der Filmplakatmaler hatte noch einiges zu tun.

- *In Düsseldorf wird erstmals ein Radargerät zur Geschwindigkeitsmessung eingesetzt.*

März 1959
- *Der 14. Dalai Lama flüchtet ins indische Exil.*

April 1959
- *Kronprinz Akihito von Japan heiratet die bürgerliche Michiko.*

Mai 1959
- *Die westdeutschen Großbanken starten durch die Vergabe von Kleinkrediten das Privatkundengeschäft auf breiter Basis.*

Juni 1959
- *Der Bundespräsident Theodor Heuss übernimmt das Berliner Schloss Bellevue als zweiten Amtssitz.*

Juli 1959
- *Im Saarland wird der Saar-Franken von der Deutschen Mark abgelöst.*

August 1959
- *Hawaii wird der 50. Bundesstaat der USA.*
- *In Großbritannien kommt der »Mini« auf den Markt.*

September 1959
- *Theodor Heuss scheidet aus dem Amt des Bundespräsidenten.*
- *Der Satellit »Lunik 2« wird von der Sowjetunion gestartet. Er zerschellt auf dem Mond.*

theater gebaut und wurden lediglich in Filmtheater umgerüstet. Das Olympia hatte sogar eine Theaterstuhlanordnung, das heißt, die Zuschauer saßen im Bogen um die Leinwand. Dort war auch beides möglich, die Filmvorführung und eine Theateraufführung. So wurde zum Beispiel die »Gräfin Mariza« am Donnerstag von den städtischen Bühnen Ulm aufgeführt und am Freitag dann »Das Gesetz der Prärie« auf der Kinoleinwand präsentiert.

Der GEA rezensierte die Streifen noch in einer Kolumne »Unsere Filmschau« und beschrieb die Inhalte redaktionell. Parallel dazu wurde das aktuelle Kinoprogramm als Anzeige geschaltet.

An der Echaz

Die Echaz war bis in die frühen Fünfzigerjahre die Lebensader der Reutlinger Industrie. So belegte etwa die Maschinenfabrik zum Bruderhaus ein großes Areal an der Echaz. Das Wassernutzungsrecht erlaubte es der erfolgreichen Papiermaschinenfabrik, ihren Strom selbst zu erzeugen. Ursprünglich stand hier, exakt an jener Stelle, an der heute die neue Stadthalle (ent)steht, die Papierfabrik zum Bruderhaus. Die Papierproduk-

Die Reutlinger Handwerkerinnungen:
Malerinnung – 176 Betriebe mit 266 Beschäftigten
Herrenschneiderinnung – 160 Betriebe
Gipser- und Stukkateurinnung – 60 Betriebe mit 220 Beschäftigten
Friseurinnung – 106 Betriebe
Schuhmacherinnung – 228 Betriebe

Den Zahlen ist anzusehen: Groß waren die einzelnen Betriebe nicht. Ein Malergeschäft hatte neben dem Inhaber und Meister durchschnittlich nur 1,5 Mitarbeiter.
Die Gipser- und Stukkateurinnung beklagte eine heftige Zunahme des Wettbewerbs durch auswärtige Anbieter. Jene unterboten häufig die ansässigen Betriebe erheblich bei der Ausschreibung von Arbeiten im Wohnungsbau. Reutlinger Bauhandwerker litten unter der »Preisdrückerei«, sprachen jedoch durchweg von einem zufriedenstellenden Geschäft. Klar, viel gab es noch zu tun im Reutlingen der frühen 50er-Jahre.

Das Idyll »Klein Venedig« täuscht – die Echaz war in den 1950er-Jahren eine regelrechte Kloake, in die gewissenlos Gegenstände und Chemikalien entsorgt wurden.

tion wurde jedoch nach Dettingen/ Erms verlegt, denn zwischen Seeburg und Dettingen gab es sehr viel weniger Industrie und das saubere Wasser der Erms war viel besser für die Papierproduktion geeignet.

Unsere Echaz hingegen war alles andere als sauber. Sie wurde zwischen Honau und Reutlingen nicht nur als Energielieferant für Mühlen genutzt, sondern auch zur Entsorgung von Flüssigkeiten und Müll aller Art, insbesondere von der reichlich vorhandenen Textilindustrie. Nirgendwo konnte die Echaz als schön oder gar als idyllisch bezeichnet werden. Nein, es war eine Kloake und die regelmäßige Reinigung des Bachbettes und der Uferregion kostete die Stadt eine Menge Geld. Es wurde eifrig an die Gewerbetreibenden an den Gestaden der Echaz appelliert, der Verunreinigung Einhalt zu gebieten, leider mit nur mäßigem Erfolg. Umweltbewusstsein war in den Jahren nach Kriegsende nicht in den Köpfen der Unternehmer, es drehte sich alles um die Produktionssteigerung.

Die Reinigung des Echazbettes war Anfang der Fünfzigerjahre dringend notwendig. Der General-Anzeiger sprach von Echazentrümpelung. Ebenso humorvoll druckte er anlässlich einer groß angelegten Echazsäuberungsaktion, an der sich auch die Bevölkerung beteiligte, ein Gedicht ab. Nach relativ kurzer Zeit jedoch war wiederum eine extreme Verschmutzung unseres Flüssleins zu beklagen. Über Jahrzehnte also charakterisierte

das Gedicht die angesiedelte Industrie (am heftigsten wurden dabei stets die Pfullinger Fabriken als die größten Dreckschleudern bezeichnet) und beschrieb recht bildhaft den Echazinhalt (s. Kasten rechts).

Mitte der Fünfzigerjahre gab es in Reutlingen:

- 4 Bildhauer
- 6 Filmtheater
- 16 Heißmangeln
- 4 Tankstellen
- 15 Verlage
- 9 Viehhändler
- 4 private Leihbüchereien
- 7 Küfereien
- 5 Korsetthandlungen
- 4 Knopffabriken
- 3 Karussellbetriebe, alle hießen Weeber
- 17 Mietwaschküchen
- 4 Bügelanstalten
- 2 Laufmaschenreparaturbetriebe
- 6 Mostereien
- 2 Getreidemühlen
- 6 Schmieden
- 80 Lebensmittel-, Kolonialwaren- oder Spezereienhändler

Das »dörfliche« Reutlingen der 50er-Jahre

Reutlingen verfügte Mitte der 50er-Jahre über 130 landwirtschaftliche Betriebe. Des Weiteren waren noch 79 Rösser und 48 Ochsen als Zugtiere im Stadtbereich gemeldet.
Auf Reutlinger Gemarkung standen 201.417 Obstbäume.

Reutlingen im Schwabenland
an dem schönen Echazstrand
ist als Weltbad anerkannt
überall im ganzen Land.

Alte Öfen, Autoreifen,
Damenhut mit roten Schleifen,
Kinderwagen ohne Rad –
alles geht ins Echazbad!

Damenstrümpfe, Unterhosen,
faule Äpfel und auch Rosen,
Nachtgeschirre ohne Rand
baden sich am Echazstrand.

Stiefelzieher, leere Flaschen,
Körbe, alte Ledertaschen,
Stühle mit nur einem Bein
hüpfen in das Bad hinein.

Alte Besen, Mausefallen,
haben an dem Bad Gefallen!
Damenschirm, Zylinderhut,
alles badet in der Flut.

Tote Katzen ohne Kopf,
Milch- und Fleisch- und Suppentopf,
Bügeleisen, Korkenzieher
tauchen aus dem Wasser hier.

Kaffeemühlen, Blumentöpfe,
auch zerbroch'ne Puppenköpfe,
Bilderrahmen groß und klein
wirft man in die Echaz rein.

Alte Säcke, Weckeruhren,
machen hier mal Wasserkuren,
Herrenschirme ohne Dach
schwimmen in dem Echazbach.

Küchenherde, Gartenzäune,
Himbeerstauden und selbst Bäume,
Blumenvasen halb und ganz
machen in dem Bad nen Tanz.

Wassereimer, Puppenwagen,
alte Lappen, Spielzeugsachen,
tote Ratten und auch Hund
findet man am Echazgrund.

Ofenrohre, Kleiderkästen,
ausgediente alte Westen,
leere Büchsen, leeres Fass
laben sich im kühlen Nass.

Damenmäntel, Kneippsandalen,
halb' und ganze Lederballen,
selbst ein halber Ochsenfuß
liegt hier im schönen Echazfluss.

Fensterläden, Küchenpfannen
finden sich im Bad zusammen,
Eierschalen und noch mehr
schwimmen auf dem Fluss umher.

Alte Bücher, Liebesbriefe,
die von Schmeicheleien triefe',
selbst ein Kragen aus Papier,
findet in dem Bad Pläsier.

Bürsten, Schläuche, Ochsenhaare,
Schaufeln und auch grüne Ware,
Tintengläser und 'ne Brill' –
alles, alles baden will!

Hafendeckel, alte Trichter,
Haushaltswaagen mit Gewichter,
Blitzableiter ohne Draht,
alles findet Freud am Bad.

Abortdeckel, Badewannen,
Kerzenleuchter, Mil(i)chkannen,
Schachteln auch von Zigarett'
finden sich im Echazbett.

Keine Menschen, keine Fische
können sich im Bad erfrische,
ja sogar der Regenwurm
kommt im Echazwasser um!

Grauenvolles Eisenbahnunglück bei Betzingen am 19. Juni 1950

Wie ein Lauffeuer verbreitete sich die Sensationsmeldung durch die Stadt. Ein Personenzug sei zwischen Reutlingen und Betzingen mit einem Güterzug zusammengestoßen und es hätte viele Verletzte und sogar Tote gegeben. Wer konnte, lief an die Unglücksstelle, um das Grauen selbst zu erleben. Wir aus der Tübinger Vorstadt waren recht schnell am Unglücksort, wir hatten sogar den sekundenlang anhaltenden Lärm gehört, den die Waggons verursachten, als sie sich ineinanderschachtelten. Was wir dann zu sehen bekamen, werden wir wohl unser Leben lang nicht vergessen: Die beiden E-Loks waren beide aus den Gleisen gesprungen und hatten sich aneinander hochgeschoben. Personenwaggons und Güterwaggons standen zertrümmert und in sich verkeilt, Holz und Metallteile lagen verbogen herum. Überall hasteten helfende Menschen umher, denen müßige, sensationslustige Zuschauer im Wege standen. Zu denen zählten wir uns ebenfalls. Immer wieder versuchte jemand, uns zum Gehen zu bewegen, sogar höchst gereizt; aber zu spektakulär war die Szenerie, wir blieben wie gebannt stehen und konnten den

Blick nicht abwenden. Wir verharrten in gebührlichem Abstand mit offenen Mäulern, aus denen wir regelmäßig Entsetzenslaute ausstießen.

Die Handwerker aus der Nähe waren zügig mit Schweißgräten zur Stelle und versuchten zu helfen, wo es nur ging. Durch das Knallen und Zischen der Schneidbrenner vernahmen wir das Wimmern und Stöhnen der Verletzten. Viele von ihnen wollten in Betzingen aussteigen und hatten sich bereits auf den Plattformen bereitgestellt. Dort wurden sie eingeklemmt und teilweise schwer verletzt. Überall lagen blutüberströmte Fahrgäste, die eiligst herbeigeeilten Sanitäter vom Krankenhaus hatten viel zu tun. Um schnell an die Unglücksstelle zu gelangen, hatten sie geistesgegenwärtig ein Auto beschlagnahmt. Einen

Späte Kriegsheimkehrer

Am 20. Februar 1955 kehrte der totgesagte 42 Jahre alte Familienvater Josef Komanschek aus russischer Kriegsgefangenschaft zurück. Am 8. März dann meldete sich der ebenfalls totgesagte Felix Gollan zurück. Ob es bei den Ehefrauen zu Freudentränen reichte, wurde im Bericht nicht erwähnt. Viele Kriegswitwen nahmen sich nämlich schnell einen neuen Mann, wenn der Ehemann totgesagt war. Die aus der Gefangenschaft Entlassenen standen oft vor dem Nichts.

1950–1959

Was in Reutlingen und im Umland geschah

Die 1950er-Jahre stehen in Reutlingen im Zeichen des Aufbaus, aber auch der Entbehrung. Noch immer müssen Lebensmittelkarten ausgegeben werden und die Schäden des Krieges sind noch allenthalben zu sehen und zu spüren. Nach der Währungsreform ist das Geld knapp, dennoch wird neuer Wohnraum geschaffen für Tausende von Vertriebenen und Flüchtlingen. Die Chronikdaten sind den akribischen Aufzeichnungen des damaligen Stadtbibliothekars Karl Otto Schmidt entnommen.

1950

Januar 1950
- *Der Haushaltsplan der Stadt Reutlingen beträgt 9,3 Millionen DM.*
- *Alle Bürger erhalten immer noch 1.500 g Zucker auf Lebensmittelmarken.*

Februar 1950
- *Eine bösartige Grippeepidemie wütet in Sondelfingen.*
- *Die Straßenbeleuchtung wird elektrifiziert, es kommen aber auch 400 neue »Gasbrennstellen« in die Laternen.*

März 1950
- *Der Bau des SSV-Stadions wird beschlossen.*
- *Reutlingen hat 168 Konfirmanden.*

Notarztwagen gab es noch nicht in Reutlingen. Die wenigen Automobilisten stellten ganz selbstverständlich ihre Fahrzeuge zur Verfügung, um Verletzte ins Krankenhaus zu transportieren. Eine nur leicht blessierte Frau stellte sich zu uns und wiederholte wieder und wieder das eben Erlebte. Offenbar stand sie unter Schock. Ein Mann kam ums Leben, wie wir später erfuhren, und neun Menschen wurden schwer sowie 22 leicht verletzt. Die meisten kamen von der Arbeit in Reutlingen und waren auf dem Weg nach Hause in Betzingen, Wannweil oder Kirchentellinsfurt. Der Lokführer des Personenzuges hatte offenbar ein Signal überfahren und wurde zusammen mit dem Zugführer noch an der Unglücksstelle von der Polizei verhaftet. Zwei Mädchen, beide aus Wannweil, musste jeweils ein Bein amputiert werden. Uns schüttelten noch nächtelang die schlimmsten Träume.

Der neue Busbahnhof – ein Umschlagplatz für 8.000 Menschen täglich

Bis zur Einweihung unseres neuen Busbahnhofes gab es in Reutlingen einen wahrhaftigen Wirrwarr. Zwar immer in der Nähe des Bahnhofs, aber an vielen verschiedenen Stellen fuhren Busse ab und kamen Busse an, scheinbar ohne Ordnung, die Reutlinger Omnibuslogistik war schlicht eine Improvisation ohne System. Selbst der Einheimische wusste kaum Bescheid über die zahlreichen Omnibuslinien, wo sie abfuhren und ankamen – wie sollte

Räumpflüge

Nach heftigem Schneefall kam nicht einfach der Räumdienst und schob die Schneemassen an den Fahrbahnrand. Damals gab es noch sogenannte Räumpflüge, die von schweren Gäulen gezogen wurden. Bei den Räumpflügen handelte es sich um zwei blechbewehrte dicke Bretter, die im rechten Winkel verschraubt waren. Oben war der Räumpflug mit Brettern gedeckelt, um zu vermeiden, dass der Schnee hinter dem Pflug wieder auf die Straße fällt. Diese Konstruktion wurde an Hasenauers kaltblütige Belgier gehängt und von diesen durch die Straßen gezogen. Für uns Buben war es das Größte, auf den Räumpflug zu springen und sich mitziehen zu lassen. Dies konnte und durfte natürlich der Kutscher nicht dulden, schon aus Sicherheitsgründen. Es war jedoch mühselig, alle paar Meter einen Buben vom Pflug zu vertreiben, und so schlugen sie einfach in geringem Abstand Nägel in den Pflug, und zwar so, dass diese noch vier bis fünf Zentimeter herausragten. Da wir keine Fakire waren, wurde uns dieser Sport durch den Nagelteppich heftig vergällt.

sich hier ein Fremder zurechtfinden? Es bestand also dringender Bedarf für eine Gesamtlösung.

Die Stadtoberen nahmen deshalb 600.000 Mark in die Hand und bauten einen Omnibusbahnhof. Er galt nach seiner Fertigstellung im Jahre 1954 als die modernste Einrichtung seiner Art in ganz Deutschland. Wieder einmal war unsere Stadt richtungweisend. Kurz nach der Einweihung konnte man bereits 5.000 An- und Abfahrten pro Monat zählen. Eine durchschnittliche Zahl von 50 Personen zugrunde gelegt, kamen also rund 8.000 Fahrgäste pro Tag zusammen. Der Individualverkehr war noch schwach entwickelt.

Hier sei noch erwähnt, dass der Reutlinger Hauptbahnhof täglich 13.500 Fahrgäste abfertigte. Der Hauptdurchsatz spielte sich zudem innerhalb weniger Stunden morgens und abends ab, wobei häufig dieselben Personen Bahnhof und Omnibusbahnhof gleichermaßen nutzten. Eine Warte- und Schalterhalle des Busbahnhofes war in ein sehr modernes Gebäude integriert. Daneben baute die Stadt eine Gaststätte und gab ihr den Namen »Omnibusbahnhof«. Nicht besonders kreativ und die Pächterin »Friedäle« hätte sich gerne einen anderen Namen gewünscht, aber die Stadtverwaltung beharrte auf diesem Namen.

Frieda Engelhardt, die fleißige Frau aus dem Schwarzwald, öffnete bereits um 6:30 Uhr ihre Gaststätte für Pendler von der Schwäbischen Alb und schloss gegen Mitternacht erst ab. Als ihr Mann 1964 starb, wirtschaftete sie alleine weiter und zog derweil noch ihre beiden Buben Fritz und Heiner groß. Beide sind bis heute erfolgreiche Hoteliers und Gastwirte in Pfullingen und Reutlingen.

Honoratioren trafen sich beim Friedäle, meist am Samstagvormittag, nachdem man sich auch im Städtle hatte blicken lassen. Die Speisekarte im »Omnibusbahnhof« war schwäbisch, wobei der puristische Kartoffelsalat legendär war. Puristisch deshalb, weil außer Essig, Öl, Salz, Pfeffer und warmem Wasser nichts zu den Kartoffeln hinzukam. Dies gab Frieda Engelhardt jedoch erst nach ihrem verdienten Ruhestand kund – vorher war es eine Art Betriebsgeheimnis. Vermutlich schmunzelte die Dame häufig über Aussagen von Hausfrauen, die, obwohl mit Fleischbrühe und Gewürzmischungen aller Art gearbeitet wurde, niemals einen so leckeren Kartoffelsalat wie Frieda zustande brachten.

Der Omnibusbahnhof erleichterte Tausenden von Pendlern den Weg zur und von der Arbeitsstätte.

- *Auf der Verkehrsinsel am Arbachbad wird eine »Großtankstelle« errichtet.*

April 1950
- *Die Marienkirche soll neue Glocken erhalten.*
- *Der Textilhändler Haux stellt in eine Bombenlücke am Marktplatz einen einstöckigen Schaufensterbau. Endlich ist der Bretterzaun weg.*

Mai 1950
- *Die Reutlinger Motorschau findet im Olympiatheater statt. Es kommen 75.000 Besucher.*
- *1.055 Arbeitslose stehen 1.017 offenen Stellen gegenüber. Fast eine Pattsituation.*

Juni 1950
- *Die Reutlinger Jugendherberge am Arbachbad bietet 70 Betten à 30 Pfennig pro Nacht. Auch die Verpflegung ist günstig.*
- *Das 1945 zerstörte Naturtheater feiert Richtfest.*
- *Ein Eisenbahnunglück am Westbahnhof fordert ein Menschenleben und 70 Verletzte.*

Juli 1950
- *Das Heimatmuseum wird neu eröffnet.*
- *Der Gasthof »Tübinger Tor« wird wieder aufgebaut. Ein Sgraffito von Anton Geiselhart ziert den Bau.*

August 1950
- *Das Handamt auf der Post wird auf Wahlamt umgestellt. Telefonteilnehmer können ab sofort selbst wählen.*

Der tragische Tod von Hans Baltisberger

Selbst bei den Rennsportfreunden ist der Betzinger Hans »Jean« Baltisberger kaum noch bekannt. Er wurde am 10.9.1922 in Betzingen geboren.

Sein Vater war praktizierender Arzt. Wie viele seiner Altersgruppe kam er kriegsbedingt erst spät zum Motorrad-Rennsport. Der gelernte Buchdrucker und Schriftsetzer sah 1947 zum ersten Mal ein Rennen und war fortan von dieser Sportart fasziniert. Mit einer

Blitzkarriere begann er dann auch Rennen zu fahren. Bereits in den frühen 50er- Jahren zählte Hans Baltisberger mit zur Weltspitze auf NSU Sportmax 250 ccm und war in den Jahren 1955 und 1956 deutscher Meister in dieser Klasse.

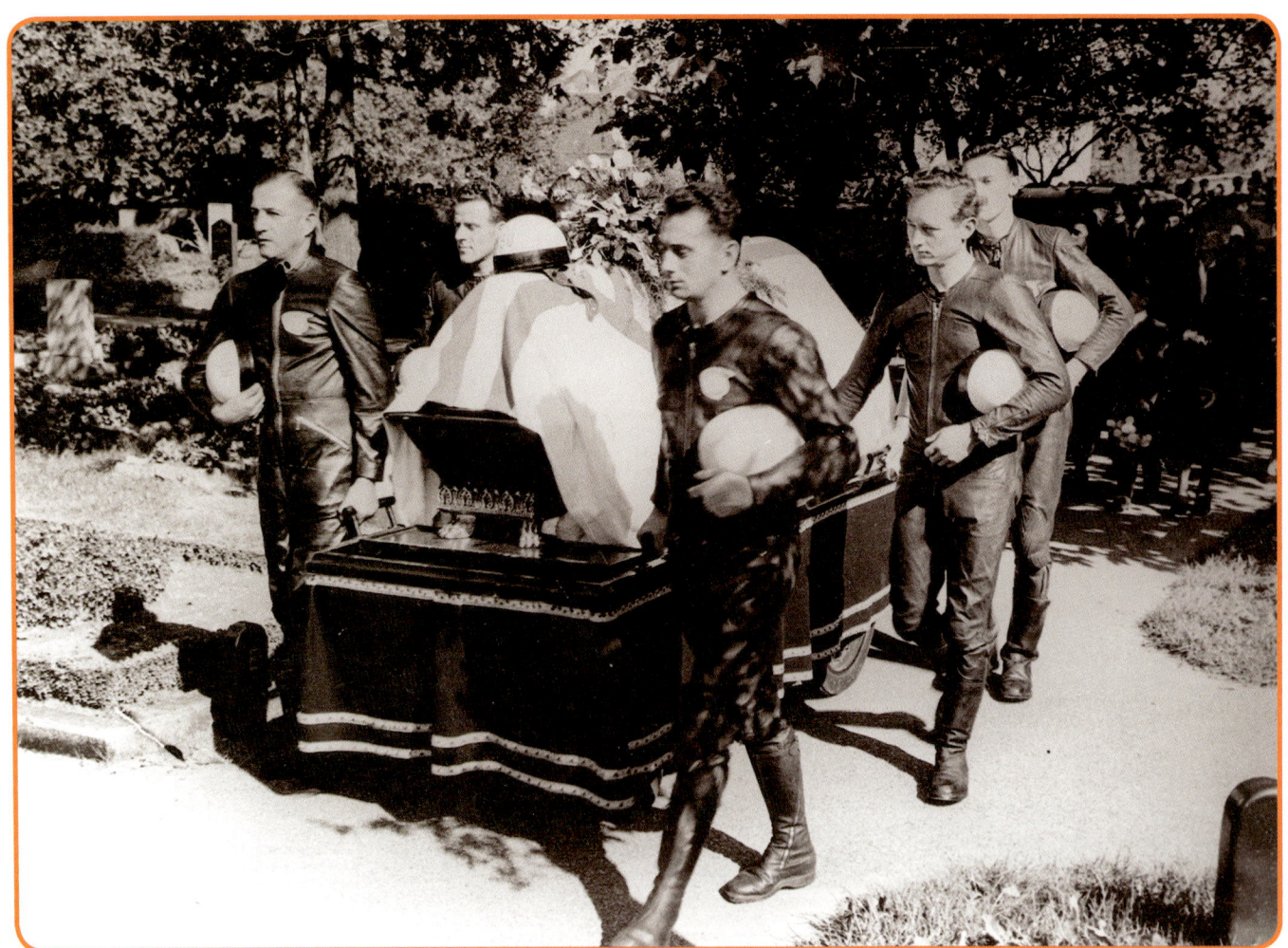

Die deutsche Motorrad-Elite gab Jean Baltisberger das letzte Geleit. Die NSU-Fahrer Müller, Luttenberger, Haas, Hallmeier, Vogel, Heck.

Hans Baltisberger – von den Männern bewundert, von den Frauen geliebt!

Sein erstes Rennen bestritt Baltisberger 1947 auf einer Victoria 250 ccm, wechselte 1952 zu BMW 500 ccm, um dann ab 1954 wieder in der 250-ccm-Klasse und in der 125-ccm-Klasse für NSU zu starten.

Baltisberger meisterte sowohl die Rennstrecken in der Region als auch die großen Pisten, etwa die im italienischen Monza oder auf der Kanalinsel Isle of Man.

Sein Können wurde von NSU belohnt, man berief ihn 1954 in das Werksteam.

Am 26. 8. 1956 verunglückte Hans Baltisberger in der Tschechoslowakei beim Großen Preis der ČSSR in Brünn tödlich und wurde am 1. September 1956 unter großer Anteilnahme der Bevölkerung auf dem Betzinger Friedhof beerdigt. Der Reutlinger Ortsteil benannte sogar eine Straße nach seinem großen Sohn.

Über Baltisbergers letztes Rennen schreibt Kurt Österle in seinem Buch »Nordwand und Todeskurve«: Wieder waren Hunderttausende gekommen. Baltisberger erwischte einen guten Start, schon beim ersten Streckenposten lag er in Führung. Der Streckenfunk verkündigte, dass Baltisberger seine Führung verteidige gegen den Deutschen Kassner, der 100 m hinter ihm fahre. Doch bereits der nächste Streckenposten meldete: »Kassner ist als Erster durchgefahren. Wo bleibt Baltisberger?« Baltisberger wollte eine Vollgaskurve mit 200 km nehmen, kam aber infolge leichter Nässe ins Schleudern, die silberne Sportmax knickte einen Telefonmasten, der Fahrer schoss zwischen den Bäumen hindurch und landete mit dem Kopf voraus auf einem Baumstumpf. Er hat sich nicht, wie zunächst angenommen, das Genick gebrochen, sondern die Schädeldecke eingeschlagen.

September 1950

- *Reutlingen hat 7 ha Rebland und nur noch 35 Winzer. Der 1950er wird ein guter Jahrgang.*

Oktober 1950

- *Zwischen Reutlingen und Metzingen verkehren täglich 600(!) Fahrzeuge. Eine Verbreiterung der Straße lässt sich auf Dauer nicht vermeiden, so der Landrat.*

November 1950

- *Der älteste Einwohner Reutlingens, Hermann Kächele, wird 91 Jahre alt.*
- *Berlin erhält für die Aufforstung 5.000 Eichenwildlinge aus Reutlinger Gemarkung.*

Dezember 1950

- *In Reutlingen sind 298 elektrische und 500 Gaslaternen in Betrieb.*
- *Die Wärmestube in der Friedrich-List-Oberschule ist wiedereröffnet.*
- *Die Stadtverwaltung besteht aus 1.144 Personen.*

1951

Januar 1951

- *Die Schulspeisung wird wieder eingeführt. 2.600 Schüler nehmen daran teil. 1.550 erhalten sie kostenlos, die anderen bezahlen 15 Pfennig pro Tag.*

Februar 1951

- *Die Tennisplätze in der Charlottenstraße werden dem TVR kostenlos zur Verfügung gestellt. Bedingung: Zugang für jedermann und Eislauffläche im Winter.*

Unsere unbeschwerte Kindheit

*Alle freuten sich
auf das Reutlinger Kinderfest.
Manche gingen als Gänseblümchen.
Wer konnte ahnen, dass wir '68 »echte«
Blumenkinder wurden?*

Em Kendrschiele

Es war nicht selbstverständlich, einen Kindergarten besuchen zu dürfen. Zwar kostete ein Kindergartenplatz nur ca. 2 Mark im Monat, aber die Plätze waren im geburtenstarken Nachkriegsreutlingen sehr begrenzt. In vielen Fällen waren wir Kleinen tagsüber bei den Großeltern. Mama konnte durch diese Unterstützung einer Arbeit nachgehen und ebenfalls etwas Geld ins Haus bringen.

Es gab allerdings eine stattliche Anzahl an Kindergärten im Stadtgebiet:

Die städtischen Kindergärten standen in der Charlottenstraße 44, in der Kurrerstraße 46 und in Betzingen, Im Dorf 3. Die evangelischen Kindergärten waren in der Friedrich-Ebert-Straße 50, in der Payerstraße 6 und in der Freiligrathstraße 20 zu finden.

Nur einen katholischen Kindergarten gab's – in der Krämerstraße 23. Das städtische Kinderheim war in der Friedrich-Ebert-Straße 16 untergebracht. Gmindersdorf besaß einen Kinderhort und die beiden städtischen Kinderkrippen standen in der Planie 32 und in der Mauerstraße 46.

Im Kindergarten in der Kurrerstraße waren die Kleinen wohlbehütet.

- *Im Spendhaus eröffnet ein Lesesaal.*

März 1951
- *Oertel & Spörer erhält das Reutlinger Amtsblatt. Nach 125 Jahren wird es zum ersten Mal in private Hand gegeben.*
- *In Reutlingen sind noch 34 Männer als Kriegsgefangene gemeldet.*

April 1951
- *Die Schulzahnpflege wird eingeführt.*
- *Die Schützengilde 1290 e. V. wird wieder zugelassen. Sie wurde 1945 von den Franzosen verboten.*

Mai 1951
- *Das Bruderhaus wird 100 Jahre alt.*
- *Bei einem Straßenbahnunglück am Südbahnhof werden 52 Fahrgäste verletzt.*
- *Das Gebäude Museumstraße 7 wird Jugendhaus. Es wird Jugendverbänden kostenlos zur Verfügung gestellt mit Ausnahme der kommunistischen Jugendorganisation FDJ.*

Juni 1951
- *Das Kindertagesheim in der Hermann-Kurz-Straße wird eröffnet. Kinder von 3 bis 12 Jahren werden tagsüber betreut. Tante Liesel ist die Leiterin.*
- *Das Wohnheim für Alleinstehende in der Albstraße öffnet seine Pforten.*

Juli 1951
- *Das Naturtheater führt dieses Jahr den »Götz von Berlichingen« auf.*

Damals neuzeitlich: das Kindertagesheim in der Römerschanzsiedlung.

Der »Parkplatz« der Kindertagesstätte in der Charlottenstraße/Ecke Planie.

Das städtische Sozialamt unterhielt auch zwei sogenannte Kindertagesheime. In der Hermann-Kurz-Straße 38 stand das eine, das andere in der Römerschanzsiedlung in der Gustav-Groß-Straße 3.

Der Kindergarten Kurrerstraße besaß eine einmalige Einrichtung. Ein Planschbecken. Kaum 30 cm hoch stand das Wasser. Wir liebten es und freuten uns, wenn an heißen Tagen die Schwester Anna mit einem Laubrechen die Blätter von der Wasseroberfläche fischte. Dann durften wir ins kühle Nass. Hygienevorschriften gab es vermutlich noch keine, die brauchten wir auch nicht, denn keines von uns Kindern holte sich einen Ausschlag oder sonst etwas von dem zugegebenermaßen nicht ganz klaren Wasser.

Spielzeug war rar. Mädchen besaßen meist eine Puppe und vielleicht noch einen Holzkreisel mit Peitsche. Der kegelförmige Holzkreisel wurde zwischen den Handflächen in Schwung versetzt oder mit der um den Kreisel gewickelten Peitschenschnur. Mit etwas Geschick konnte er durch Peitschenschläge in Drehung gehalten werden. Wer dieses am längsten schaffte, hatte gewonnen. Die Buben liebten ihr Blechspielzeug. Autos,

Der Bastel- und Spielsaal im Kindertagesheim Römerschanze.

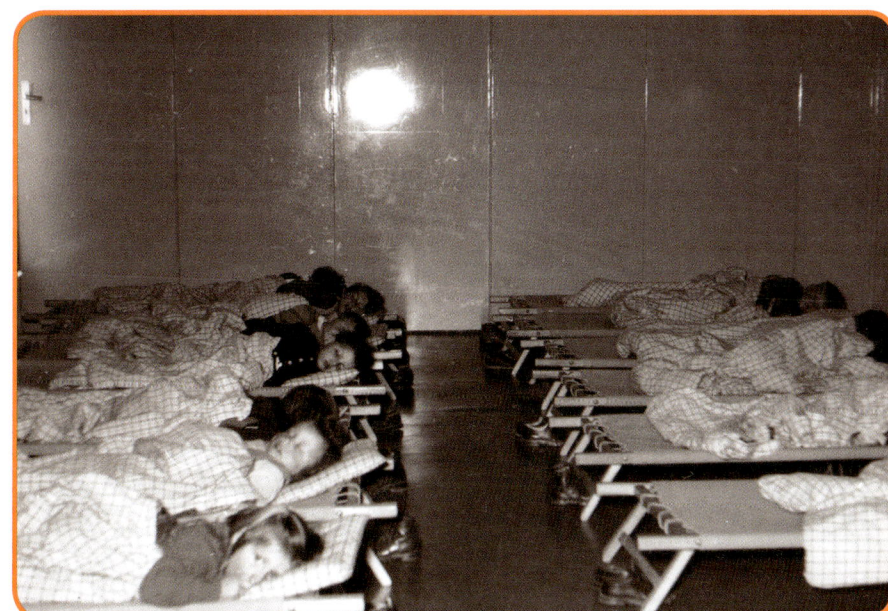

Ohne Mittagsschläfchen kam man nicht durch den Tag.

- Das Freizeitheim im Markwasen wird Ferienheim für erholungsbedürftige Kinder. Das Sozialamt wählt die Kinder aus.
- Der amerikanische Präsident Hoover erhält die Ehrenbürgerrechte der Stadt Reutlingen anlässlich seines 75. Geburtstages.
- Die Stadt hat immer noch 986 Wehrmachtsvermisste zu beklagen.
- Ein Einfamilienhaus in der Römerschanzsiedlung kostet 12.300,– DM inklusive 5,– DM/m² für den Baugrund. Lastenausgleichsberechtigte Personen erhalten 10.900,– DM als Hypothek vorfinanziert. Sie konnte in erträglichen Raten zurückbezahlt werden.

August 1951

- Das Lebensmittelhaus Schaal & Kurz am Weibermarkt feiert sein 100-jähriges Jubiläum.

September 1951

- Prozessbeginn gegen OB Kalbfell. Er muss sich dem Vorwurf stellen, die vier Geiseln, die von den Franzosen am Schönen Weg hingerichtet wurden, benannt zu haben. Der Prozess endet mit Freispruch, Kalbfell hat keinen Reputationsverlust zu ertragen.
- Der Kronenladen in der unteren Wilhelmstraße wird 50 Jahre alt. Später wird er Modehaus Kögel heißen.

Oktober 1951

- Am 18. 10. erschüttert ein starker Erdstoß die Stadt. Sie übersteht das Beben jedoch unbeschadet.

Eisenbahnen oder Baumaschinen. Auch ein Baukasten durfte im Kinderzimmer nicht fehlen. Die billige Variante bestand aus einfachem, lackiertem Holz, die etwas vornehmere aus gepresstem Steinmehl. Und natürlich hatte ein jeder Glasmurmeln in allen Variationen in einem Leinensäckchen.

Die Schulen der Stadt

In den frühen Fünfzigern waren Klassenzimmer rar. Ein Teil der Schulen war während des Krieges und danach anderweitig für lebenswichtige Angelegenheiten genutzt worden.

Die Matthäus-Beger-Schule galt 1955 als die modernste Volksschule im ganzen Land.

*Margrid freut sich auf die Schule.
Sie wird eine stolze Abc-Schützin sein.*

Die Hermann-Kurz-Schule in der Tübinger Vorstadt hatte zum Beispiel noch ein großes rotes Kreuz aufgemalt, internationaler Hinweis auf ein Kriegslazarett. Als solches musste die Schule in den schlimmen Jahren herhalten. Ebenfalls als Lazarett hatte die Frauenarbeitsschule gedient. Im Isolde-Kurz-Gymnasium und im Friedrich-List-Gymnasium waren interim städtische Ämter untergebracht. Das Rathaus am Marktplatz war ja zerstört und so wurden die Amtsstuben auf verschiedene Gebäude verteilt.

Kein Kind hatte von Kriegsende bis in den Oktober 1945 hinein Schule gehabt. Da konnten wir aber recht gut damit leben. Die Franzosen hatten jeden Unterricht verboten. Ab dem 6. Oktober wurde es im Rahmen einer Feierstunde im Olympiatheater, in der Marienkirche und in der St.-Wolfgang-Kirche wieder gestattet.

Im Stadtbereich gab es vier Volksschulen. Die Gartentorschule in der Gartenstraße, die Hermann-Kurz-Schule in der Gminderstraße (im gleichen Gebäude war die Hilfsschule untergebracht), die Jos-Weiß-Schule in der Lederstraße und die Katholische Volksschule in der Metzgerstraße. Die Freie Georgenschule in der Moltkestraße war nicht städtisch, sondern wie alle Waldorfschulen eine private Lehranstalt.

Innerhalb von 10 Jahren reduzierte sich also die durchschnittliche Schülerzahl pro Volksschulklasse von 64 auf 41 Köpfe. Heute sitzen in den Klassenzimmern ja häufig weniger als 20 Schüler. Der bestehende Schulraummangel wurde durch Schulneu- oder -anbauten behoben.

Die Abgangsklasse der Matthäus-Beger-Schule 1956.

November 1951

- *Reutlingen verfügt über insgesamt 242 Lehrer und 11.101 Schüler.*
- *In der Volkshochschule schreiben sich 4.000 Hörer ein. Die Reutlinger sind ein bildungsbereites Volk.*

Dezember 1951

- *Reutlingen hat 2.595 Wohnungssuchende. 49.284 Einwohner sind gemeldet. 1951 gab es 1.000 Geburten, 538 Eheschließungen und 630 Todesfälle in der Stadt.*

1952

Januar 1952

- *Das Hauptzollamt feiert Richtfest.*
- *Der Kinderlesesaal im Spendhaus wird rundum erneuert und erhält eine Menge Bücher von der ekz. An der ekz (Einkaufszentrale für öffentliche Büchereien) beteiligt sich die Stadt als Gesellschafterin.*

Februar 1952

- *Optik-Wittel begeht sein 50-jähriges Jubiläum.*
- *Der erste Fremdenverkehrsprospekt wird vom Reutlinger Verkehrsverein herausgebracht. Der Kreis verzeichnet bereits 48.000 Übernachtungen pro Jahr.*

März 1952

- *Grundsteinlegung der Matthäus-Beger-Schule in der Bismarckstraße.*
- *Die Hinterbliebenen der vier erschossenen Geiseln erhalten von der Stadt 40.000 DM Wiedergutmachung.*

Wenn die Reutlinger Schulen einen Umzug im Rahmen eines Kinderfestes organisierten, durfte natürlich auch ein Zigeunerwagen nicht fehlen.

Züchtigungen aller Art

Unsere Lehrer waren streng. Schon kleine Verfehlungen führten zu körperlicher Züchtigung. Mädchen bekamen meist »nur« Tatzen, die Buben hingegen erhielten »Hosenspanner«. Beides erfolgte mit denselben Bambusstecken.

Es war daher unser Bestreben, diese Marterinstrumente zu entwenden. Zumindest flogen sie in regelmäßigen Abständen aus dem Fenster (am liebsten auf ein weiteres Dach, von welchem es nur umständlich zu bergen war), was naturgemäß wieder eine Bestrafung der Klasse nach sich zog. Ein Lehrer, er war von sehr kräftiger Statur, machte sich einen Spaß daraus, die Schüler am Schlafittchen zu packen und aus dem Fenster zu halten. Peinlich, peinlich für den Gepeinigten, aber meist hatte er es irgendwie verdient. Noch wirkungsvoller war jene Technik, bei welcher der Schüler an den Ohren durchs Klassenzimmer getragen wurde. Dieser hörte dabei manchmal seine Ohrknorpel knirschen und spürte noch lange schmerzhaft die Bestrafung.

Die Herren Lehrer waren ausgesprochene Respektspersonen. Kaum ein Vater kam auf die Idee, eine der

1953 wurde die Matthäus-Beger-Schule feierlich eingeweiht. Sie galt als eine der modernsten Schulen im Lande. Die Volksschule in der Römerschanze kam 1956 dazu. Das Isolde-Kurz-Gymnasium, dessen Raum durch die Beschulung der Kinder der französischen Streitkräfte reduziert war, erhielt einen Neubau und die Mittelschule, die heutige Eichendorff-Realschule, einen Anbau.

Aber nicht nur neue Räume wurden geschaffen, sondern es tat sich auch sonst recht viel: Die Schulen erhielten neues Gestühl, moderne Sanitäranlagen sowie Zentralheizungen – die Einzelbeheizung der Klassenzimmer gehörte der Vergangenheit an.

Noch die Schülergeneration vor uns wurde von der Lehrerschaft in kalten Wintern gebeten, hin und wieder ein Kohlebrikett mit in die Schule zu bringen, damit das Klassenzimmer über den »Klassenzimmerbullerofen« wenigstens »angestaucht« werden konnte.

heftigen Bestrafungstechniken zu kritisieren oder gar den Lehrer dafür zur Rede zu stellen. Im Gegenteil – nicht wenige erhielten daheim noch mal eine »geschmiert«, weil die Eltern der Überzeugung waren, dass die Stockhiebe durchaus ihre

Berechtigung gehabt hatten und sie noch einen draufsetzen müssten.

Die harmloseste Bestrafung war jene, bei der ein Lehrer mit seinen Knöcheln das Genick des Schülers oder der Schülerin malträtierte. Per saldo wurden die Buben aber erheblich häufiger gezüchtigt als die Mädchen. Woran's wohl lag?

Es war den strengen Lehrern jedoch letztlich nicht zu verdenken, dass sie so rigoros durchgriffen. Sie standen nämlich, neben ihrer pädagogischen Aufgabe, vor Problemen, die sich ein Lehrer heute nicht mehr vorstellen kann. Die Klassen hatten bis zu 60 Schüler. Improvisation war angesagt, wenn es um die Beschaffung von Schulheften, Schiefertafeln, Kreide und Lehrmitteln aller Art ging. Kaum etwas kam auf normalen Nachschubwegen. Es wurde im »Schichtbetrieb« unterrichtet, weil Unterrichtsräume knapp waren. Dies bedeutete für Lehrer und Schüler zum Beispiel, keine Rücksicht nehmen zu können auf Mittagspausen. Langer Nachmittagsunterricht musste abgehalten werden, dabei ließen die Konzentration und die Aufnahmefähigkeit heftig nach. Die Samstage waren ebenfalls noch Schultage, was jedoch nichts ausmachte, denn Papa musste

Ein Lehrer der Jos-Weiß-Schule brachte seine geliebten Peinigungsinstrumente, Rohrstöcke unterschiedlicher Dicke nämlich, im Geigenkasten mit in den Unterricht und bewachte diesen mit Argusaugen. Je nach Strafursache und Geschlecht des zu Bestrafenden wählte er mit Bedacht das Stöckchen aus. Er hatte offensichtlich Freude an diesem Vorgang, denn der kleinste Anlass ließ ihn nach dem Geigenkasten greifen. Vor dem Akt rollte er den Stock genüsslich zwischen den Fingern.

Bereits im Krieg sei er ein »Zwanzigender« gewesen und Hauptfeldwebel.

Detlef hatte mal seine Hausaufgaben nicht erledigt und steckte prophylaktisch eine Blutwurst in seine Unterhose. Wie vermutet, wurde er über das Pult gelegt und erhielt seine Hosenspanner. Bereits nach dem zweiten Schlag durfte sich Detlef wieder setzen. Es hatte sich ein Fleck auf seinem Allerwertesten gebildet, der dem Lehrer sofortigen Einhalt gebot. Angenehmer Nebeneffekt: Detlef wurde fortan nie wieder versohlt. Damit diese Methode keine Nachahmer fand, erzählte Detlef rein vorsorglich niemandem von seinem Trick. Selbst die etwas dooferen Lehrer hätten ihn ziemlich schnell durchschaut.

- *Die neue Siedlung in Betzingen soll den Namen des ehemaligen Wohnungsbauministers Eberhard Wildermuth erhalten.*
- *Die Stadt beteiligt sich an der Hotel-AG und stellt eine halbe Million DM für den Bau des »Parkhotels Friedrich List« zur Verfügung.*

April 1952
- *Die Stadt gibt den ersten Veranstaltungskalender heraus.*
- *Auf der Kreuzung vor dem Tübinger Tor wird eine automatische Verkehrsregelanlage installiert. Diese Verkehrsampelvorgängerin ersetzt den Verkehrspolizisten. Im Zuge der Bauarbeiten fallen die alten Linden auf dem Ledergraben, die Fahrspur wird auf 14 Meter verbreitert.*
- *Reutlingen durchbricht die 50.000-Einwohner-Schallmauer.*

Mai 1952
- *Erster Spatenstich der Wildermuthsiedlung.*
- *Der Haushaltsplan der Stadt umfasst 13 Millionen DM für das Jahr 1952.*
- *Die Druckerei Bardtenschlager, bekannt für Jugendschriften, wird 100 Jahre alt.*

Juni 1952
- *Das Naturtheater führt das Stück »Baumeister Gottes« auf.*
- *Der Liederkranz wird 125 Jahre alt.*
- *Die ekz feiert Richtfest in der Bismarckstraße.*

Juli 1952
- *Das Arbeitsgericht in Reutlingen besteht seit 25 Jahren.*

selbstverständlich ebenfalls an Samstagen arbeiten, denn 48 Wochenarbeitsstunden waren die Regel. Mit Überstunden wurden auch schnell mal 54 Stunden daraus.

Im Listgymnasium soll ein Lehrer namens Walz, er war leidenschaftlicher Boxer, einen Obersekundaner mit einem kurzen Haken k. o. geknockt haben. Ein anderer Listpädagoge hatte im Krieg einen Arm verloren und trug eine Silberplatte im Schädelknochen. Jener stieß zur Bestrafung die Schüler stets mit seinem Kopf.

Die Hooverspeisung war damals eine Wohltat. Sie sorgte für die Grundernährung der Schüler. Nach und nach verbesserte sich die Situation. Dem akuten Lehrermangel wurde durch Neueinstellungen entgegengewirkt.

Ohrfeigen verteilten damals nicht nur die Eltern und Lehrer, sondern auch die Onkel, Nachbarn und manchmal sogar Wildfremde, denen irgendetwas an uns gegen den Strich ging. Etwa, wenn wir allzu laut lachten beim Spielen. Ja, wir lachten noch beim Spielen draußen auf der Straße. Wir »chatteten« nicht im Internet, sondern auf der Gass'. Dabei »schätterten« wir eben oft.

Der Jos-Weiß-Schülerchor auf großer Tournee

Bereits um 8:00 Uhr ging es am 13. Juli 1951 mit dem Omnibus nach Liebenzell. Zum ersten Male machten wir eine »Konzertreise« in die Ferne. Wir sangen im Kurgarten aus unserem Repertoire. Die Zuhörer, meist ältere Kurgäste, applaudierten wie wild. Danach ging es zügig weiter ins Kloster Hirsau, von wo aus wir eine Wanderung unternahmen über die Ruine Zavelstein nach Teinach. Die meisten von uns waren noch nie im Schwarzwald und es kam uns vor wie eine Weltreise. Unterwegs hüpften uns die Heidelbeeren förmlich in den Mund hinein und wir alle hatten dunkelblaue Schnäbel. Von Teinach aus ging es dann weiter mit dem Omnibus nach Nagold, unserem Hauptziel. Wir sangen um 20:00 Uhr vor Lehrernachwuchs. Unser Chorleiter, Herr Ulrich Steinle, begleitete uns auf dem Flügel. Alle waren so begeistert, dass wir einige Lieder wiederholen mussten. Wir verabschiedeten uns mit dem Lied »Heim woll'n wir geh'n«, was wir dann auch taten. Es war fast Mitternacht, als unsere Eltern uns vor der Jos-Weiß-Schule in Empfang nahmen. Sie waren stolz auf uns und wir waren ebenfalls stolz auf uns. So

Mit den Schülerlotsen der Jos-Weiß-Schule ging es sicher über die Lederstraße.

Ulla zahlt's der Mutter heim

Die kleine Ulla wünschte sich nichts sehnlicher als einen Hula-Hoop-Reifen. Die Mama war gegen dieses modische Spielzeug, weil sie der Meinung war, ihr Töchterchen sei zu zart für das Hula-Hoop-Tanzen, bei welchem der Reifen ja bekanntlich kräftig um die Hüfte geschwungen wurde. Man hatte ja schon von Bandscheibenproblemen bei den Mädels gehört ...

Ulla zahlte es ihrer Mutter auf ihre Weise heim: Beim Kinderfest im Wasenwald standen Kletterstangen, die so dick und so hoch waren wie Telegrafenmasten. Oben hingen Trophäen, meist sogar etwas wertvollere, und es war beileibe nicht jedem Kind gegeben, die Stange bis zum Anschlag hoch zu erklimmen. Da musste sich die Anstrengung schon rentieren. Erschwerend kam dazu, dass die ersten zwei Meter der Stangen mit Schmierseife rutschig gemacht wurden (so wurde zumindest gemunkelt), was den Erfolg nicht gerade unterstützte. Das Mädchen wäre wohl niemals auf die Idee gekommen, diese Stangen zu erklettern, jedoch ... sie erkannte deutlich den Hula-Hoop-Reifen, der oben geradezu auf sie zu warten schien. Nach heftiger Anstrengung erreichte Ulla die Spitze. Mutter schaute von unten zu. »Nimm den Fotoapparat!«, rief sie ihrem Töchterchen zu. Ulla klappte aber ihre Ohren zu und ergriff ... den erheblich billigeren Hula-Hoop-Reifen und warf ihn nach unten, wo ihn der Lehrer auffing, der zur Sicherheit der Kletterer abgestellt war.

eine Tournee – das war schon ein Erlebnis der besonderen Art.

Zu jeder großen Pause kam der Bäcker Rau zusammen mit seinem Sohn Erwin, der auch gleichzeitig sein Bäckerlehrling war, und verkaufte Brötchen und Brezeln. Letztere kostete 5 Pfennig. Die beiden trugen von ihrer Bäckerei in der Albstraße (gegenüber der Silberbar) die Backwaren in einem großen Wäschekorb auf den Pausenhof der Jos-Weiß-Schule. Wir verkniffen uns jedoch oft das Pausenbrötchen, um die von den Eltern mitgegebenen Münzen nach der Schule beim Schreibwarenhändler Hauff in der Kanzleistraße umzumünzen. In Wundertüten zu 10 Pfennig, die meist Plastiktiere enthielten. Aber auch Pfefferminz- oder süßer Waffelbruch wanderte über den Ladentisch. Der schmeckte uns allemal besser als schnöde Weckle. Den etwas Älteren von uns blieb auch nicht verborgen, dass Herr Hauff ein gar nettes Töchterchen besaß, welches hin und wieder im Laden aushalf.

Gegenüber der Jos-Weiß-Schule betrieb Herr Bühler in der Lederstraße sein Fahrradgeschäft. Wir kauften dort Flickzeug, Glühbirnchen und Ventilschläuche. Das Blitzventil war noch nicht erfunden.

- *An den Bundesjugendfestspielen 1952 nehmen 4.500 Jungen und Mädchen teil. Es gibt 1.400 Siegerinnen und Sieger, wobei festgestellt werden musste, dass die Mädchen erheblich besser abschnitten als die Buben.*
- *Der Erweiterungsbau der Freien Georgenschule wird eingeweiht.*

August 1952
- *Das Nikolaihaus Müller & Co. stellt wieder ein Schmuckstück der unteren Wilhelmstraße dar.*
- *Das Predigerseminar wird 75 Jahre alt.*

September 1952
- *Die Kläranlage in Betzingen wird in Betrieb genommen.*
- *Das Haus der Jugend in der Museumstraße wird eingeweiht. Zuvor war es von 1566 bis 1899 Armenhaus, danach Arrestgebäude und dann ab 1928 Heim der Weingärtnerzunft.*

Oktober 1952
- *In der Bebenhäuserhofstraße begeht die Brennerei und Likörfabrik Haußmann ihr 50-jähriges Jubiläum.*
- *Auf dem Haag, der Fortsetzung der Payerstraße, wird ein evangelischer Kindergarten eröffnet. 50 Kinder finden Aufnahme.*
- *Der Reutlinger Tierschutzverein wird gegründet.*

November 1952
- *Die Schülerzeitung »Komet« erscheint zum ersten Mal. Selbst die Stadtbibliothek nimmt sie ins Programm.*

Kommet raus zom Schbiela!

Wir holten uns gegenseitig zum Spielen ab – ohne vorher anzurufen. Heute unvorstellbar. »Raiber und Bolle«, »Soilhupfa«, »Versteckis« und »Fangis« waren unsere aktiven Spiele, kreativ wurden wir beim Bauen von »Lägerle« und Baumhäusern.

Zu Hause war es zu eng. Wer Geschwister hatte, musste meist ein Zimmer mit ihnen teilen. Oft standen auch drei oder vier Betten in unseren Zimmern. Ohnehin – womit sollten

Hoffentlich ist Papa bald fertig mit dem Fotografieren.

Wir standen am Tor der Hindenburgkaserne und beobachteten einen Panzermarsch. Ein Panzer nach dem anderen rumpelte ins weit geöffnete Kasernentor hinein.

Plötzlich stand die Kolonne. Nach einer Weile öffnete sich bei einem Panzer eine Luke und ein schwarzer Soldat streckte seinen Kopf heraus.

Vermutlich war es einer der zahlreichen Marokkaner, die in den Fünfzigern in Reutlingen stationiert waren. Für uns war es jedoch der erste Schwarze, den wir in unserem Leben sahen. Was blieb uns anderes übrig, als unsere Beine unter den Arm zu nehmen und schleunigst das Weite zu suchen.

Wir hatten ja keine Ahnung, was so einem grimmigen Neger alles einfallen könnte, wenn er uns sah.

Wen Papa da wohl fotografieren wollte? Uns oder den neuen VW Käfer?

Wir fassten schnell Zutrauen zu »unseren« Franzosen. Manche schenkten uns nämlich »Fliederschoklad«. Diese runde, schwarze Bitterschokolade war in ebenso runden Dosen verpackt, sie schmeckte jedoch kein bisschen nach Flieder, wie uns ihr Name glauben machen wollte. Erst viel später wurde unser Irrtum aufgeklärt. Es handelte sich um stark koffeinhaltige Scho-Ka-Kola, auch »Fliegerschokolade« genannt, und wurde insbesondere Piloten als Wachmacher im Einsatz verabreicht. Nur weil wir die Schokoladenscheiben freundschaftlich teilten und jeder deshalb nur einen kleinen Teil erhielt, standen wir des Nachts nicht in unseren Betten.

wir zu Hause spielen? Brett- oder Kartenspiele kramten wir meist nur hervor, wenn auch Erwachsene mitspielten.

Was bot uns »drinnen« überhaupt? Von Computerspielen konnten wir nicht einmal träumen, ja, wir hatten den Begriff Computer noch niemals gehört. Und wenn uns damals einer erzählt hätte, dass wir einige Jahrzehnte später über 200 Fernsehsender rund um die Uhr in Farbe und teilweise in 3D im Wohnzimmer verfügen oder dass wir in Sekundenschnelle jede Information aus dem Internet erhalten – es wäre wieder ein Grund gewesen, lauthals zu lachen.

Wir Schneckensammler

Die Franzosen ermöglichten uns einen bescheidenen Nebenverdienst, zumindest in den Sommermonaten. Wir sammelten Weinbergschnecken. Was in aller Welt an diesen glitschigen Dingern schmecken sollte, war uns zwar ein Rätsel, aber die freundli-

Dietmar hatte vier Geschwister. Als Herr Wrigley 1955 seinen Wrigley's Spearmint Gum auf den deutschen Markt brachte, waren alle fünf versessen auf dieses neuartige Genussmittel. Wie so vieles, bescherten uns die Amerikaner in den Fünfzigerjahren auch den Kaugummi. Dietmars Eltern waren skeptisch. Außerdem waren die bekannten Streifen recht teuer. So zog sich die Kaugummi-Premiere endlos hin. Eines Tages waren alle kollektiv beim Zahnarzt, denn alle Fünfe trugen Zahnspangen. Der Herr Dentist empfahl den Genuss dieser neuartigen Kaugummis, weil sie die Reinigung der Zähne und die Stärkung des Kauapparates bewirkten. Mama und Papa gaben sich geschlagen. Dietmar wurde ins Café Hoffmann in der Alteburgstraße geschickt, um ein Päckchen zu besorgen. Alle freuten sich zu Hause diebisch auf einen der sechs Kaugummistreifen. Aber ... Pustekuchen. Mutter nahm ein Messer und zerteilte einen Streifen sorgfältig in fünf gleich große Stücke. So war das erste Kaugummi-Erlebnis der kinderreichen Familie etwa erbsengroß und wurde ziemlich schnell versehentlich verschluckt.

- *Das neue Kindertagesheim Römerschanze in der Rommelsbacher Straße wird eingeweiht. Es betreut die Kinder berufstätiger Mütter.*
- *Das Kaufhaus Merkur öffnet seine Pforten. Es ist ein modernes Gebäude, 51 Meter lang, 28 Meter tief und 15 Meter hoch, mit 21.500 Kubikmeter umbautem Raum.*
- *Der Gemeinderat beschließt, dass das Achalmgebiet Villenviertel bleibt. Die Gebäude müssen mindestens 12 Meter Bauabstand aufweisen.*

Dezember 1952

- *Die Nebenerwerbssiedlung in Ohmenhausen wird eingeweiht. Es leben fast nur Donauschwaben dort.*
- *Die Stadt erhebt 2,7 Millionen Gewerbesteuer.*

1953

Januar 1953

- *Die Kreissparkasse zelebriert ihr hundertjähriges Bestehen.*
- *Reutlingen wird Patenstadt von Schweidnitz in Schlesien. Die Schlesier sind mit 3.400 Personen die stärkste Landsmannschaft.*

Februar 1953

- *263 Knaben und 203 Mädchen werden als Abc-Schützen angemeldet.*

März 1953

- *In 140 Industriebetrieben arbeiten 17.000 Menschen. 7.000 davon kommen als Pendler.*

Einmal hatten wir Kinder eines Mehrfamilienwohnhauses an einem feuchten Sommerferientag eine riesige Menge an Weinbergschnecken gesammelt. Die verzinkten Putzeimer unserer Mütter dienten dabei als Transportbehälter. In der Dämmerung waren die Schnecken am aktivsten und die Ausbeute am größten. Die Hälfte der Zeit waren wir auf der Schneckenpirsch, die zweite Hälfte verwendeten wir damit, emporgeklommene Schnecken wieder nach unten auf den Eimerboden zu schubsen. Plötzlich war es dunkel und wir mussten nach Hause. Das Abendbrot wartete, so konnten wir die Viecher nicht mehr abgeben. Wir stellten die sechs gut gefüllten Eimer in die gemeinsame Waschküche im Keller des Wohnhauses und deckten sie mit Zeitungspapier ab. Gleich am nächsten Morgen wollten wir sie zur Annahmestelle tragen. Es kam so, wie es kommen musste: Die Schnecken ließen sich von unserer halbherzigen, papierenen Eimerabdeckung nicht beeindrucken und hatten sich über Nacht sternförmig in der ganzen Waschküche verteilt. Dutzende klebten an den Wänden und an der Decke. Dass sie sich sternförmig von den Eimern wegbewegten, war zweifelsfrei an den Schleimspuren zu erkennen. Diese legten noch sehr lange von den Gästen dieser Nacht Zeugnis ab.

che ältere Dame in der Ringelbachstraße, die unsere Sammelergebnisse entgegennahm, meinte, sie mundeten ganz vorzüglich, wenn sie denn gut zubereitet wären. Man müsse die Schnecken hierzu in kaltes Salzwasser legen, damit sie abschleimten (welch melodisches Wort!), um sie danach in frischem Salzwasser mehrfach zu kochen. Für uns war das nichts. Wir erhielten einen gemessen am Aufwand mickrigen Lohn und mussten darüber hinaus die zu kleinen Exemplare, die durch ihren »Schneckenring« passten, wieder mitnehmen und in der freien Wildbahn aussetzen. Warum wir die dicken roten Nacktschnecken nicht einzusammeln brauchten, konnte uns niemand sagen. Schnecke ist doch Schnecke – ob mit oder ohne Haus.

»Mai Vaddr isch em Krieg v'rhongert.«

Oh, wir wussten genau von jedem einzelnen der Klassenkameraden und -innen, was die Väter machten. Sie waren Schweißer, Kraftfahrer, Stricker,

In den Fünfzigerjahren betrieben tatsächlich noch viele sogenannte Dentisten zahnärztliche Praxen. Sie kamen oftmals aus der Zahntechnik und nicht aus der Medizin, hatten aber einen ebenso guten Ruf wie ihre studierten Kollegen. 1956 praktizierten in unserer Stadt exakt 21 Zahnärzte und 21 Dentisten. Von diesen 42 Praxen wurden fünf von Frauen unterhalten.

S'scheene Handele

Der Besuch von Tante Helene war ein Wechselbad. Einerseits brachte sie uns Kinder stets etwas zum Schlecken mit, andererseits überhäufte sie uns bei der Begrüßung immer leidenschaftlich mit nassen »Tantenküssen«. Marianne näherte sich ihr daher recht vorsichtig und streckte ihr artig, aber mit respektvollem Abstand ihre Hand entgegen. Die Linke. Tante Helene gab sich entrüstet: »I will vo dir aber s'scheene Handele!« Erschrocken zog Marianne danach ihre Linke zurück und besah sich beide Hände sorgfältig. Welche war wohl die schönere?

Mechaniker, sie waren bei der Post oder bei der Eisenbahn. Manche Väter waren Kaufmann, aber keiner von uns wusste exakt, was ein Kaufmann den ganzen lieben langen Tag so macht. Kaufen? Einige in unserer Klasse hatten keine Väter mehr, aber auch über diese wussten wir einiges. Dass sie vermisst sind oder gefallen. Die letzten Feldpostbriefe wurden wie Heiligtümer behandelt. Aus ihnen war manchmal zu entnehmen, wie es den Vätern an der Front so ergangen war. Eines der Mädchen sagte bei jeder Gelegenheit: »Mai Vaddr isch em Krieg v'rhongert.« Ein Bub hatte einen Vater, der immer noch in russischer Gefangenschaft war. Die ganze Familie wartete auf ihn. »Mei Vaddr isch en Schdalingrad blieba«, wusste ein anderer ganz wichtig zu berichten.

Wir waren stolz auf unsere gefallenen Väter. Gekannt hatten wir sie ohnehin nicht. Manche erinnerten sich an einen dürren Mann, der ein oder zweimal für ein paar Wochen auf Heimaturlaub zu Hause war und sich in dieser Zeit ungeheuer um sie bemühte. Einer, der sich dann unter verstohlenen Tränen wieder an die Front verabschiedete, dabei wären wir gerne mit. Das Russland interessierte uns schon mächtig. Alle Kriegsopfer mussten ganz edle Menschen gewesen sein, zumindest sprachen die Erwachsenen immer in rühmlichen Tönen von den Vermissten oder Toten.

Die längste Rodelbahn in Reutlingen

Vor dem Bau der Burgholzsiedlung führten durch diese Gemarkung einige Feldwege bis hoch zum Königsträßle. Bei geschlossener Schneedecke schulterten wir unsere Schlitten und stapften hoch bis auf den Scheibengipfel, kurz »d'Scheib« genannt. Von dort aus rodelten wir bergab, das damals noch unbebaute Königsträßle hinunter, die Feldwege entlang und

stoppten erst vor der Metzinger Straße, später Karlstraße, etwa dort, wo heute das Telekom-Hochhaus steht. Zwei bis drei Abfahrten pro Nachmittag waren durchaus drin. Auf halber Strecke, wo heute die Richard-Wagner-Straße ins Königsträßle mündet, plätscherte munter ein Brunnen, der unseren Durst stillte.

Das Königsträßle, heute von schönen Einfamilienhäusern eingefasst, wurde vom württembergischen König Wilhelm angelegt, damit er seine damals noch königliche Domäne erreichen konnte, ohne die Reutlinger Gemarkung überschreiten zu müssen. Er mochte Reutlingen nicht – und die Reutlinger, die ein halbes Jahrtausend Freie Reichsstädter waren und 1803 diesen Status verloren und württembergisch wurden, mochten Württemberg nicht. Um ein Haar hätte der Regent Mitte des 19. Jahrhunderts die Bahnstrecke Plochingen–Tübingen bewusst durch das Neckartal geführt, im weiten Bogen um Reutlingen herum. Vermutlich besann sich Wilhelm dann doch auf die Verdienste des Reutlinger Eisenbahnpioniers Friedrich List und ließ die Wegstrecke über Reutlingen laufen. Nicht auszudenken, was aus unserer Stadt geworden wäre, wenn nicht die wichtige Eisenbahnanbindung stattgefunden hätte. Die meisten der Reutlinger Unternehmerfamilien stammten nämlich nicht aus der Stadt, sondern sie zogen nach und nach zu, weil die Eisenbahnschiene erst Industrieansiedelung ermöglichte.

- *Reutlingen tritt der Bodensee-Wasserversorgung bei.*

April 1953
- *Die Firma Wafios wird 60 Jahre alt. Sie beschäftigt 760 Menschen und bildet 150 Lehrlinge aus. Der Exportanteil liegt bei 70 %.*

Mai 1953
- *Die Bundes-Gerbereifachschule etabliert sich in Reutlingen.*

Juni 1953
- *Das traditionelle Kinderfest findet statt. 5.000 Kinder in originellen Trachten bilden einen Umzug. Anschließend wird im Wasenwald gefeiert.*

Juli 1953
- *Ein Hochwasser in der ganzen Stadt verursacht heftige Schäden in Höhe von einer halben Mio. DM. Die Echaz, der Breitenbach und der Kaibach werden zu reißenden Strömen und überfluten viele Straßen und Keller, selbst der Eisenbahnverkehr kommt zum Erliegen. Auf der B 28 und der B 312 geht nichts mehr.*

August 1953
- *Die Sportanlage an der Kreuzeiche wird übergeben. Das Spiel 1. FC Kaiserslautern gegen den SSV 05 schauen sich 12.000 Besucher an.*

September 1953
- *Die Matthäus-Beger-Schule wird von Kultusminister Schenkel feierlich eingeweiht.*

Das Achalm-Bergrennen

Bereits Wochen vorher fieberten wir dem Achalm-Bergrennen am 16. Juni 1955 entgegen. Die viereinhalb Kilometer lange Rennstrecke lag zwischen Eningen und St. Johann, dennoch war es das Reutlinger Achalm-Bergrennen, denn »unser« Reutlinger Automobilclub hatte die Veranstaltung organisiert. Nie wären wir auf die Idee gekommen, unsere Väter nicht an die Rennstrecke zu begleiten. Vor einigen Tagen erst war ja unser neues Freibad eingeweiht worden und fast genauso gerne hätten wir uns auch auf den Weg dorthin gemacht, aber eben nur fast. Bergrennen gab es schließlich nicht jeden Tag. Nach dem entsetzlichen Unglück von Le Mans hatte der Motorsport einen heftigen Reputationskampf zu bestehen und hätte es auch nur einen etwas schlimmeren Unfall bei »unserem« Bergrennen gegeben, es hätte vermutlich lange kein weiteres Rennen stattgefunden. Es ging jedoch, von einigen leichten Stürzen ohne Personenschaden mal abgesehen, ohne heftigen Unfall zu Ende. Erst einige Tage vor unserem Bergrennen, am 11. Juni 1955, flog in Le Mans der Franzose Pierre Levegh mit seinem Mercedes 300 SLR in die voll besetzte Haupttribüne. Der

Silberpfeil explodierte, es starben 82 Zuschauer und 100 wurden schwer verletzt. Mercedes zog sich daraufhin bis 1985 aus dem Rennsport zurück.

So mondän wie im großen Rennsport ging es am Fuße unseres Hausberges natürlich nicht zu, auch wurde den Siegern auf dem Treppchen kein

überdimensionierter goldener Lorbeerkranz übergestülpt, dennoch, die Fahrer in ihren engen Lederklamotten und den ständig ölverschmierten Fingern beeindruckten uns schon enorm. Und erst die Rennfahrzeuge ... Solomotorräder und welche mit Beiwagen, Serientourenwagen, meist DKW und Grand-Tourisme-Wagen, bis

Und auf geht's zum Bergrennen. Standesgemäß auf NSU – auch ohne Helm und Lederkombi.

auf zwei aufgemotzte VW alles Porsche. Keiner der Protagonisten, der nicht seine Rennmaschine selbst aufgerüstet hätte, und keiner, der sein Gefährt nicht in- und auswendig gekannt hätte. Papa versuchte mit einem NSU-Fahrer ein Gespräch unter Fachleuten zu beginnen, er erhielt jedoch lediglich ein mitleidiges Lächeln.

Beim Start hielten wir uns theatralisch die Ohren zu, genossen jedoch den herrlichen Geruch der Zweitakter. Der Eintritt von einer Mark war publikumsfreundlich ausgelegt und auch der Preis von 65 Pfennig für eine Bratwurst, deshalb standen auch mehr als 5.000 Zuschauer an den »Hängen und Pisten« (wie es wohl

Unfall- und Schadensstatistik

Im ersten Quartal 1956 wurden in Reutlingen 171 Verkehrsunfälle von der Polizei aufgenommen. 94 Personen wurden dabei verletzt und zwei getötet. Dabei entstand ein Schaden von ca. 62.000 DM. Heute haben nicht selten einzelne Autounfälle eine ebenso hohe Schadenssumme. Für ein ganzes Quartal war dies eine eher geringe Anzahl an Unfällen. Im Juli 1958 zum Beispiel ereigneten sich allein 100 Unfälle mit 51 Verletzten und zwei Toten. Zwei Todesopfer pro Monat waren in hässlicher Regelmäßigkeit im Kreisgebiet Reutlingen zu beklagen.

unser unvergessener Heinz Maegerlein doppeldeutig ausgedrückt hätte). Der Norton-Fahrer Ewig schaffte die kurvenreiche Strecke mit einer Durchschnittsgeschwindigkeit von 93 km/h. So schnell fuhr Papas Zündapp Bella R 150 nicht einmal auf abschüssiger, gerader Strecke mit Rückenwind.

Bahn frei – die »Soifakischta« starten

Nicht weniger aufregend war für uns das »Seifenkistl-Rennen« (so die offizielle Bezeichnung durch den Organisator Automobilclub Reutlingen ADAC). Auch der Reutlinger General-Anzeiger trat als Sponsor auf. Die Rennstrecke war die Walther-Rathenau-Straße zwischen der Richard-Wagner-Straße und dem Panoramaweg bei der Silberburg. Ein ganz schön steiles und kurviges Sträßchen, auf dem so ein selbst gebasteltes Renngefährt ganz ordentliche Geschwindigkeiten erreichen konnte. Am Samstag durfte offiziell auf der Strecke trainiert werden. Am darauffolgenden Sonntag ging es dann zur Sache. Ab 14:00 Uhr stieg das erste Rennen. Bei diesem war nur Reutlingern zu starten gestattet. Das Rennen hieß daher auch »Preis der Stadt

Oktober 1953

- *C. F. HAUX wird 100 Jahre.*
- *170 Wohnungen sind noch von den Franzosen beschlagnahmt.*

November 1953

- *Eröffnung des Naturkundemuseums im Spendhaus.*

Dezember 1953

- *1953 ereigneten sich in Reutlingen 1.308 Unfälle. 961 Personen wurden dabei verletzt, 34 getötet.*

1954

Januar 1954

- *Von den etwa 56.000 Einwohnern der Stadt sind 10.000 Heimatvertriebene und 1.000 Zonenflüchtlinge aus der sowjetischen Besatzungszone.*
- *Die Stadtwerke Reutlingen (Vorläuferin der heutigen Fairenergie) werden gegründet.*
- *Das »Parkhotel« wird eröffnet. Die Baukosten betrugen 1,7 Mio. DM, der Innenausbau verschlang weitere 450.000,– DM.*

Februar 1954

- *Der Erweiterungsbau des Kreiskrankenhauses wird eröffnet. Die Bettenzahl erweitert sich um 120 auf 450.*

März 1954

- *Der Albverein hat 1.353 Mitglieder. 658 Kinder werden Abc-Schützen, erheblich mehr als im letzten Jahr.*
- *Die Burgholzsiedlung erhält ihren Namen.*

Die Opel AG organisierte über Opel-Sauer das Seifenkistlrennen. Hier starteten alle aus der Poleposition.

Das Arbachbad hat ausgedient, das neue Freibad wird eröffnet

Als das Arbachbad Mitte des 19. Jahrhunderts angelegt wurde, hatte Reutlingen samt Betzingen gerade einmal 14.000 Einwohner. Es lag an der Lindachstraße am Ortsausgang Reutlingens in Richtung Pfullingen. Damals genügte dieses 170 Ar große Bad den Badegästen durchaus. 1934 erfuhr es dann eine großzügige Modernisierung, es wurde jedoch schon damals eher als Notlösung betrachtet.

An heißen Tagen drängten sich die Badegäste vor den Kassen.

Reutlingen«. Das zweite Rennen hatte die Bezeichnung »Städtelauf«. Hier waren sämtliche Fahrer zum Start zugelassen, auch die auswärtigen. Beim dritten Lauf ging es dann mit Motor zur Sache. Der vierte Lauf hatte die treffende Bezeichnung »Bastelklasse«, und hier gingen jene Seifenkisten an den Start, die mit einfachsten Mitteln zusammengebastelt waren. Jeder Lauf hatte so seinen eigenen Reiz und jeder Bub nahm sich insgeheim vor, sich bis zum nächsten Rennen ebenfalls so eine Kiste zusam-

menzubauen. Mit unseren aus einem ausrangierten Kinderwagen selbst zusammengeschraubten Seifenkisten war jedoch kein Staat zu machen.

Um richtig Tempo zu generieren, benötigte so ein Renngerät Ballonreifen und kugelgelagerte Naben. So etwas Wertvolles gab es nicht in den Sperrmüllhaufen, in denen wir sonst unsere Fahrgestelle fanden. Es musste käuflich erworben werden. Rennen zu fahren ging also nur mit Papas Unterstützung.

Wettkampfmäßige Schwimmsport-veranstaltungen konnten in dem ellipsenförmigen Becken nicht durchgeführt werden, dabei nahm der Schwimmsport einen immer höheren Stellenwert ein.

Das Arbachbad war für maximal 3.000 Badegäste ausgelegt, nicht selten fanden sich jedoch mehr als 5.000 Besucher ein. Da sprangen Kinder zwischen Menschen umher, die im Bad Ruhe und Erholung suchten. Die Medien sprachen von einem Massenbetrieb. Bereits kurz nach dem Krieg fasste die Stadtver-waltung daher die Anlage eines Schwimmstadions ins Auge. Auch der Platz dafür lag schon fest. Es wurde das Gelände an der Kreuzeiche ausgewählt. Das neue Freibad sollte eine wirkliche Stätte der Erholung und der körperlichen Ertüchtigung werden.

Dem Projekt wurde höchste Priorität eingeräumt und es entstand nach einer nur 13 Monate währenden Bauzeit ein Freizeitbad der Superla-tive. Man sprach vom modernsten Bad in der gesamten Bundesrepublik.

Entspannung suchte man im Arbachbad vergebens.
Ausgelegt waren die 170 Ar für 3.000 Menschen, häufig kamen jedoch 5.000.

April 1954
- *Reutlingen hat 6.283 zugelassene Kraftfahrzeuge (pro neun Einwoh-ner eines).*
- *Der Lindenbrunnen, neu erschaffen von den Brüdern Raach, wird errichtet.*
- *Bereits fünf Monate nach Bau-beginn feiert die Gewerbeschule ihr Richtfest.*

Mai 1954
- *Das Naturtheater führt diese Saison Hauffs »Lichtenstein« auf.*
- *Der Reutlinger Haushaltsplan umfasst 26,5 Mio. DM.*

Juni 1954
- *Das Schuhhaus Bären-Zwissler wird 75 Jahre alt.*
- *Der Stadtrat beschließt den Bau des Busbahnhofes.*

Juli 1954
- *Der Neubau des Kronenladens, später Modehaus Kögel, wird eröffnet.*

August 1954
- *Bundespräsident Heuss besucht unsere Stadt und bescheinigt den Reutlingern nicht nur Fleiß und Sparsamkeit, sondern auch die Existenz einer guten Industrie und vieler geschulter Hand-werker.*

September 1954
- *1953 lebten in Reutlingen 2.003 Ausländer, 1954 bereits 4.326.*

Und noch eine Aufnahme vom Arbachbad. Vielleicht erkennt sich ja eine(r) wieder?

Das neue Reutlinger Freibad wurde 1955 eröffnet.
Es bot zwar noch wenig Schatten, aber Wasserspaß pur für 10.000 Menschen.

10.000 Besucher konnte es aufnehmen und 2.000 Besucher fanden allein auf der Tribüne Platz. Fünf Hektar Liegefläche wurden geboten, durchwoben von 2.000 m² gepflasterten Wegen.

Jeder kannte den Herrn Dohm

Er war aus unserer jugendlichen Perspektive schon etwas älter. So um die vierzig. Jeder im Freibad kannte den Herrn Dohm aus dem bekannten Fotoladen in der Bollwerkstraße/Ecke Wilhelmstraße. Keiner stürzte sich so theatralisch vom 10-Meter-Turm wie er, und lange bevor der Begriff »Arschbombe« aufkam, spritzte sein kühner Sprung wie ebendiese. Sein mächtiger Bauch war hierfür wohl verantwortlich, und tatsächlich, wenn er vor dem heftig applaudierenden Publikum auf der Tribüne aus dem Wasser stieg, war jener immer rot verfärbt.

Es gab ein Springer-, ein 50-Meter-Wettkampf-, ein Nichtschwimmer- und ein Planschbecken.

Bei der Realisierung wurden weitgehend die Reutlinger Handwerker beauftragt. Das Freibad kostete alles in allem 1,7 Millionen DM. Beheizbar waren die Becken damals noch nicht, in den ersten Wochen nach der Eröffnung lag die Wassertemperatur daher stets noch deutlich unter 20 °C. Dennoch, wir liebten das nasse Vergnügen.

Das Nichtschwimmerbecken heizte sich aufgrund der geringeren Tiefe und der vielen 37 °C warmen Körper viel schneller auf als das Schwimmer- oder gar das Springerbecken und war deshalb von uns bevorzugt.

Erst wenn die Augen krebsrot, die Gänsehaut blitzblau und die zittern- den Lippen veilchenlila waren, legten wir uns zum Aufheizen und Trocknen bäuchlings auf den sonnenwarmen Neckartäler Rotsandstein, der rund um die Becken verlegt war.

Modisches

Die Damenmode von damals war nicht besonders komfortabel: Glo- ckenröcke über einem Petticoat. Schon geringe Winde blähten die Röcke auf und schoben sie manchmal ruckartig über den Kopf. Die Mädchen hatten daher stets auf ein einwand- freies »Darunter« zu achten, auch ohne »Date«. Wenn wir uns mit so voluminösen Röcken in Kleinwagen zwängen mussten, hatten wir unsere liebe Not damit. An Rollerfahren war

Generationen von Reutlingern erfrischten sich im Nichtschwimmerbecken im Freibad. Hier kurz vor der Eröffnung 1955.

Oktober 1954

- *Oskar Kalbfell wird mit 97,4 % für weitere 12 Jahre als Oberbürger- meister bestätigt. Auf die weiteren 57(!) Kandidaten entfallen ganze 2,6 % der Stimmen. Eine Stimme der insgesamt 17.388 gültigen entfiel auf eine Frau. 47,8 % Wahlbeteiligung.*
- *Der Omnibusbahnhof wird seiner Bestimmung übergeben. 150 Fahrzeuge stündlich fahren 45 Linien. Er kostete 648.000 DM.*

November 1954

- *10.000 Menschen wohnen mittler- weile in den neu erbauten Siedlungen.*
- *Die Handelsschule wird 100 Jahre alt.*
- *Die Gerberschule wird eröffnet.*

Dezember 1954

- *Die vier ermordeten Geiseln erhalten einen Gedenkstein am Schönen Weg.*
- *Die Planielichtspiele feiern Eröff- nung. Mit 800 Plätzen in einem Saal ist es das größte Filmtheater in Reutlingen.*
- *Unfallbilanz des Jahres: 510 Unfälle, 1.054 Verletzte, 26 Tote. Im Ver- gleich zum Vorjahr bedeutet dies 11,4 % mehr Fahrzeuge und 15,4 % mehr Unfälle.*

1955

Januar 1955

- *Reutlingen hat 58.552 Einwohner.*
- *Die Gloria-Lichtspiele in der Römerschanzsiedlung werden eröffnet.*

Zeig her deine Strapse ... Schon ein etwas stärkerer Windstoß hob den gestärkten Rock gnadenlos. Ohne Strumpfhalter hätten die Nylons unschöne Wellen geschlagen.

überhaupt nicht zu denken. So war es nicht zu verdenken, dass sich die Keilhose für Damen durchsetzte. Die machte alles mit. Auch wenn konservative Zungen lästerten, Keilhosen seien nicht gut für die Moral, weil sie allzu deutlich die Körperkonturen zeigten.

Heben – halten – lupfen

Im Schwäbischen heißt es »Heb mol«, wenn einer etwas halten soll. Etwas heben heißt im Schwäbischen aber »lupfen«. Ein Paradoxon: Ein Mädle in Reutlingen »hebt« seinen Rock, damit ihn der Wind nicht »lupft«.

Wie man sich 1953 das Jahr 2000 vorstellte

Der Generaler brachte zum Jahreswechsel 53/54 eine Vision, wie sich die Reutlinger ihr Leben um den Jahrtausendwechsel vorzustellen hätten:

- Es gibt kein Glatteis mehr auf den beheizten Straßen und atombetriebene Autos erreichen mühelos eine Spitzengeschwindigkeit von 200 km/h.
- Supermärkte liefern Lebensmittel per Rohrpost. Lagerhaltung wird überflüssig.

- Es wird nur noch vier Stunden am Tag gearbeitet.
- Es wird nur noch von Papptellern gegessen, welche anschließend über eine Zerkleinerungsmaschine in die Kanalisation geleitet werden.
- Im Kino begrüßen die Stars jeden Besucher persönlich, weil der Raumfilm vollendet sein wird. Jeder riecht das Parfüm seines Lieblings und spürt seinen Atem. Im Kino wird geraucht und getrunken. Wenn man eines Films überdrüssig wird, dreht man sich nur im Sessel um 90° und befindet sich in einem anderen Film. Zeitgleich laufen stets vier Programme ab.
- Hautenge Kleider aus zartem Gewebe werden nur einen Tag getragen und danach entsorgt. Elastizitätsgewebe macht den Strumpfhaltergürtel überflüssig.
- Zum Nachmittagskaffee wird ein Abstecher auf den Mars gemacht. Flugzeit: eine Stunde.
- Kinder werden aus der Retorte geliefert und später dann per Fernsehfunk unterrichtet.
- Die Sprache der europäischen Völker ist nicht nur vereinheitlicht, sondern auch wesentlich verkürzt. Es wird Stenografie gesprochen.
- Der Autoführerschein wird bereits mit acht Jahren gemacht und jeder lernt fliegen.

Aber in manchen Dingen gaben die GEA-Redakteure durchaus Visionen von sich, die dann auch tatsächlich – zumindest ähnlich – eintrafen:
- Bezahlt wird nicht mehr mit der DM, sondern mit der EM (Europamark).
- Das Fernsehprogramm kann man sich im Auto anschauen.
- Ein Auto bremst bei Gefahr selbst und weicht dem Hindernis selbsttätig aus.
- Moderne Geschäftsleute bedienen sich des Bildfunks. Ein Dreh an der Wählscheibe und auf der Mattscheibe erscheint das Konterfei des Kommunikationspartners.
- Zeitungen erscheinen nur noch im Westentaschenformat, weil die aktuellen Meldungen per Bildfunk in die Wohnzimmer gesendet werden.
- Im Büro nimmt eine Sprechmaschine alles auf und schreibt sofort den Inhalt nieder.

- *Ein Orkan mit Windstärke 11 fegt über das Land. Reutlingen hat hohen Sachschaden zu beklagen, aber weniger als andere Städte.*

Februar 1955
- *Bei Abrissarbeiten nahe dem Listgymnasium wird das spätgotische Portal der ehemaligen Barfüßerkirche entdeckt.*
- *Das Kolpinghaus in der Liststraße wird gebaut für eine halbe Mio. DM. Es bietet auswärtigen Lehrlingen 100 Betten.*

März 1955
- *Das städtische Tierheim wird in der Wannweiler Straße in Betzingen genehmigt. 15.000 Mark werden zur Verfügung gestellt.*

April 1955
- *Reutlingen hat 55 Lebensmittelläden.*

Mai 1955
- *Das Hotel- und Gaststättengewerbe führt die Messe »Speise und Trank« in Reutlingen durch. Auf 50.000 m² in 14 Hallen warten 320 Aussteller auf 180.000 Besucher.*

Juni 1955
- *Das Technikum feiert 100-jähriges Jubiläum.*
- *Das Freibad Markwasen wird eingeweiht. Es hat 1,7 Mio. DM verschlungen. In der modernsten Anlage im Bundesgebiet können auch Schwimmwettkämpfe stattfinden. Die Tribüne fasst 2.000 Menschen.*
- *Im Naturtheater läuft »Hexen in Henkers Hand«.*

Das Fernsehprogramm

Das Fernsehprogramm des einzigen Senders, des Deutschen Fernsehens, war Mitte der 1950er-Jahre spärlich. Hier das Programm vom 2. bis zum 8. Januar 1955:

Sonntag:
12.00 *Der internationale Frühschoppen mit W. Höfer*
20.00 *Vater Seidl und sein Sohn*
21.10 *Was bin ich?*

Montag:
16.30 *Kinderstunde: »Gut gemacht, Kasper!«*
17.00 *Vermißtensuchdienst des Deutschen Roten Kreuzes*
19.00 *Der Sport vom Wochenende*
20.00 *Tagesschau – Wetterkarte,*
Das bunte Fernsehmagazin
21.00 *Die Tagesschau blickt zurück –*
die großen Ereignisse
des Jahres 1954

Dienstag:
16.30 *Kinderstunde, Kalenderblätter für 1954*
17.00 *Vermißtensuchdienst des Deutschen Roten Kreuzes*
17.30 *Für die Frau – Hyazinthen*
20.00 *Der 6. Erdteil – die Geschichte der Antarktis*
20.50 *Interview mit Old Amerika – eine heitere Sendung um*
Mark Twain

Mittwoch:
16.30 *Jugendstunde: Stürme über dem Montblanc*
17.00 *Vermißtensuchdienst des Deutschen Roten Kreuzes*
20.00 *Tagesschau*
20.15 *Sind Sie im Bilde?*
21.00 *Hunde unterm Hammer*
21.45 *Über die Dummheit*

Donnerstag:
16.30 *Kinderstunde:*
Doktor Doolittles Postkutschenfahrt
mit der Robbe Sophie
17.00 *Vermißtensuchdienst*
des Deutschen Roten Kreuzes
17.10 *Für die Frau: Ferngesteckt –*
zu Haus genäht
20.45 *Die Galerie großer Detektive –*
David Wilson sammelt Spuren
21.50 *Der Stern geht voran*

Freitag:
16.30 *Jugendstunde: Stürme über dem Montblanc*
17.00 *Vermißtensuchdienst*
des Deutschen Roten Kreuzes
20.00 *Tagesschau – Wetterkarte*
20.20 *Die Kluge.*
Die Geschichte von dem König und der
klugen Frau
21.40 *Wer, was, wann*

Samstag:
16.30 *Jugendstunde: Wir stellen ein Thema*
17.00 *Im Fernseh-Zoo: Kleine Haustiere*
19.00 *Der Sport vom Wochenende*
20.00 *Das Herrschaftskind –*
Volksstück von Wilfried Wroost.
Anschließend als Tagesabschluß:
Das Wort zum Sonntag

Freitags gab's Maultaschen

Fladen holten die Reutlinger stets bei Eduard Nädele in der Kanzleistraße. Über Jahrzehnte versorgte dieser winzige Eckladen die Reutlinger Hausfrauen mit der Umverpackung der Maultasche, dieser viel gelobten schwäbischen Spezialität, auch Herrgottsb'scheißerle genannt. Der liebe Gott sollte nämlich von oben aus nicht sehen, wenn am Freitag Fleisch auf den Tisch kam, es wurde deshalb mit einer dicken Nudel umwickelt. Die Bezeichnung müsste wohl noch aus der Zeit vor der

In Reutlingen gab es bis ins 19. Jahrhundert hinein kaum Katholiken. Von der Reformation an bis ins Jahr 1803, als Reutlingen zu Württemberg »musste«, war es nämlich nur Evangelischen gestattet, in Reutlingen Bürger zu werden. Es gab in dieser langen Zeit eine Menge Konvertiten, die vom katholischen zum protestantischen Glauben wechselten.

Der katholische Glaube drang jedoch mit den vielen Heimatvertriebenen wieder nach Reutlingen hinein. So entstanden auch in den neuen Siedlungen meist Kirchen für beide Konfessionen, etwa in der Römerschanzsiedlung oder in Orschel-Hagen. Zuvor war die St.-Wolfgang-Kirche die einzige katholische Kirche auf Reutlinger Gemarkung.

Aus dem Tagebuch der Polizei

Am Mittwochabend wurde kurz nach 21.00 Uhr ein Reutlinger Bürger auf der vom Kammweg zur Hohbuchstraße führenden Treppe von einem Unbekannten, der aus den Büschen heraustrat, mit der Taschenlampe angeleuchtet.

Der Unbekannte sagte: »Gehen Sie weiter, ich bin ein Mörder!« Die Polizei, die kurze Zeit später das Gelände absuchte, fand nur einen auf einer Bank schlafenden Tübinger Schuster. Da dieser aber keine Taschenlampe bei sich führte, konnte ihm keine verdächtige Handlung nachgewiesen werden.

Reformation im 16. Jahrhundert stammen, denn dem Herrgott der Evangelischen war es sogar wurscht, wenn es am Freitag Schlachtplatte gab.

Lebensmittel gab's noch mitten in der Stadt.

Juli 1955

• *In der Listhalle wird eine »Jungbürgerfeier« durchgeführt. 400 Jungbürger nehmen teil.*

August 1955

• *Das Jugendtreffen der deutschen Turn- und Sportverbände findet in Reutlingen statt. 2.500 Buben schlafen in einer Zeltstadt auf dem Markwasen, 1.000 Mädchen nächtigen im Arbachbad.*

• *Der SSV 05 begeht sein 50-jähriges Bestehen mit einem festlichen Akt in der Listhalle.*

September 1955

• *Das Matthäus-Alber-Haus wird eingeweiht.*

• *Die Straßenbahn erhält neue Wagen.*

Oktober 1955

• *Reutlingen verzeichnet 44.353 Übernachtungen im Sommerhalbjahr; 28 % mehr als im Vorjahr.*

• *Das Tierheim übernimmt die Anlage in Betzingen und erhält 100 DM monatliche Zuwendung.*

• *Die IHK feiert ihr 100-jähriges Jubiläum.*

November 1955

• *Die neuen Siedlungen wachsen: In der Römerschanze wohnen 5.318 Menschen, im Vollen Brunnen 1.800 und im Burgholz 1.200.*

Dezember 1955

• *Die Kolpingfamilie feiert 60-jähriges Bestehen. Das Kolpinghaus in der Liststraße wird eingeweiht.*

Eine fröhliche Jugend

Begerschüler im Rosensteinpark. Bis nach Cannstatt war es für die fast 50 Schüler einer Klasse eine halbe Weltreise.

In der Tanzschule

Die Tanzschulen in Reutlingen hatten in den frühen 50er-Jahren noch keine eigenen Räume. Herr und Frau Pfander, das bewährte Tanzlehrerehepaar, mietete sich an gewissen Tagen stets in den Saal des Gasthofs »Südbahnhof« ein. Die Tanzschule war für uns ein Meilenstein in der persönlichen Entwicklung. Wir hatten erlaubterweise Körperkontakt zum anderen Geschlecht. Natürlich achteten die Eltern sehr genau darauf, mit wem wir verkehrten. Wenn alles passte, hatten wir schon einige Freiheiten, insbesondere wurde darauf Wert gelegt, dass wir in einer Clique waren, in der uns etwas Ältere behüten konnten. Da kam man abends dann sicher nach Hause. Und wehe, wir gaben versehentlich mal zu, sich mit den anderen in der Clique verstritten zu haben – dann blieben wir brav zu Hause, bis sich der Streit wieder gelegt hatte.

Auch der Abschlussball fand im großen Saal der Gaststätte »Südbahnhof« statt. Auf jenen bereitete man sich nicht nur tanztechnisch vor, nein, es war ein Erlebnis der besonderen Art. Es gab Einlagen und Sketche, Eltern und Freunde strömten zuhauf herbei, sodass der etwa

Selbstverständlich wurde die Tanzdame zum Abschlussball von ihrem Herren abgeholt und auch den ganzen Abend lang freigehalten. Tanzpartner, die sich in Vaters Privatauto vorfahren ließen und sogar noch ein Essen spendierten, waren die begehrtesten Ballpartner. Ihnen wurden gerne auch Tanzschrittfehler verziehen.

200 Personen fassende Tanzsaal fast überquoll.

Üblicherweise wurde eine »Abschlussballzeitung« erstellt. Ein DIN A4 großer, gebundener Band, zwischen 30 und 40 Seiten stark, erzählte mit viel Witz und Humor von der Tanzschulen-Zeit. Da zeigten sich plötzlich versteckte Talente. Über jeden einzelnen Teilnehmer wurde in Form eines Mehrzeilers berichtet.

In unserer lieben Tanzstunde hier, lernt Siegfried tanzen, wie auch wir, und müht sich ab mit Schritt und Takt, mit Walzerdrehung er vor allem sich plagt.
Er erfüllt seine Aufgabe sehr korrekt, doch lässt er auch seinen frohen Mut nicht weg,
er blickt freundlich in die Welt hinein und freut sich an der Sonne Schein.
Sonst geht er wenig aus sich raus, man kommt ganz selten aus ihm draus.
Doch denkt er daran, was jene rief: »Stille Wasser gründen tief!«

- *In Reutlingen wurden im Jahr 1955 1.261 Kinder geboren, es gab 691 Sterbefälle und 413 Eheschließungen.*

1956

Januar 1956
- *Die Ferdinand-von-Steinbeis-Gewerbeschule wird feierlich eröffnet und ebenso die Sternwarte.*

Februar 1956
- *Das Portal des Zwiefalterhofes wird abgebrochen und im Garten des Heimatmuseums wieder aufgebaut.*
- *Es ist bitterkalt: bis −30°C.*

März 1956
- *80 Jahre Johannes-Kepler-Gymnasium. Zuvor war dort die Realschule untergebracht.*

April 1956
- *Reutlingen wird Große Kreisstadt.*
- *Die Erlöserkirche in der Kaiserstraße wird an jener Stelle geweiht, an der die Ebenezerkapelle dem Luftangriff zum Opfer fiel.*

Mai 1956
- *Die Vorplanung für ein neues Rathaus beginnt. Die Stadtverwaltung ist seit 1945 in 6 Häusern verteilt.*
- *Das Kinderfest findet statt mit 6.000 Teilnehmern. 3.000 Kinder gestalten kostümiert einen Umzug.*
- *Das Marienheim in der Heilbrunnenstraße wird eröffnet. Es nimmt 80 Mädchen auf.*

Das Abschlussballfoto 1958. Pfander schulte noch im Gasthaus »Südbahnhof« und auch die Bälle fanden dort statt.

Wir waren immerhin 27 Paare, so kamen 54 Einzelbeiträge in die Hektografen. Wer erinnert sich nicht an die bläulichen Hektografien, die so lecker nach Sprit rochen? Fotokopierer oder gar Digitaldrucker für kleine Auflagen waren ja noch lange nicht erfunden. Über Siegfried Scharf wurde wie folgt gereimt (s. Kasten S. 79 Mitte unten).

Auch wenn am Versmaß noch hätte etwas geschliffen werden müssen,

es war schon eine Menge Arbeit, bis die Zeitung mit dem Namen »Im Rhythmus der Freude« verteilt werden konnte.

Auf der ersten Seite standen dann gleich die »Ballgesetze«, an die sich jeder und jede strengstens zu halten hatte:

§ 1 Die Einhaltung der Ballordnung ist Ehrenpflicht aller Anwesenden. Änderungen erlaubt nur der

Ausschuß, sofern er »noch beschlußfähig« ist.

§ 2 Das Mitbringen von Hunden ist verboten. Jedem ist es jedoch erlaubt, einen Affen mit nach Hause zu nehmen.

§ 3 Wir verpflichten die Eltern, die Aufsichtsberechtigung an der Garderobe abzugeben.

§ 4 Träumenden Teenagern darf ohne Jagdschein, welcher beim Ausschuß erhältlich ist, das Herz nicht abgejagt werden.

§ 5 Frau Pfander ist allein bemächtigt, Parkscheine für die Tanzfläche auszustellen.

§ 6 Getanzt wird nur nach Musik und nicht nach sonst auftretenden zweifelhaften Geräuschen.

§ 7 Abs. 1: Auf den Schuhen der Damen darf höchstens ein ¾-Takt ausgeführt werden.
Abs. 2: Auch Herrenschuhe sind kein Tanzparkett.

§ 8 Die Kunst des Küssens darf an diesem Abend nur von Fortgeschrittenen gepflegt werden. Anfängern wird jedoch Gelegenheit gegeben, sich in dieser Kunst zu vervollkommnen. Praktische Ratschläge erteilt der Ausschuß.

§ 9 Eifersucht ist eine Zier – doch weiter kommt man ohne ihr.

§ 10 Liegeplätze unter den Tischen dürfen ab 24 Uhr nur im äußersten Notfall aufgesucht werden.

§ 11 Die Herren haben auf dem Nachhauseweg das Motto einzuhalten: »Ungeküsst sollst du nicht nach Hause gehen.«

Für den Abschlussball schmissen wir uns ganz besonders in Schale. Die Mädels in meist blütenweißen, langen Abendkleidern, die Buben in dunklen Anzügen mit Krawatte und dem ganzen vornehmen »Tralala«

wie Einstecktuch und Manschettenknöpfen. Ein Tanzkurs lief ganz schön ins Geld. Da ging schon die eine oder andere Mark drauf. Ein geplagter und dennoch zufriedener Tanzschüler schrieb sich seine Stimmung von der Seele:

Die Tanzstunde

Wenn ich heute ziehe die Bilanz,
was mich so kostet dieser Tanz,
so komme ich doch zum Schluß,
dass ich euch dies offenbaren muß:
Zwanzig Hemden glatt durchgeschwitzt,
elfmal tüchtig abgeblitzt,
dreizehn Herzen glatt gebrochen,
sechzigmal zu Kreuz gekrochen,
zehn Paar Schuh' total zerstört,
drei Mädchenherzen ums Haar betört,
dreihundertdrei Karambolagen,
ums Schienbein darauf fünf Bandagen,
acht Mark für Hühneraugenpflaster,
noch mehr für Bier und andre Laster,
»Verzeihung« tausendmal gestammelt,
und achtzehn Körbe eingesammelt.
Zwölf Hosen hoffnungslos zerknittert,
und vor Frau Pfander stets gezittert.
Hundert Kreisel falsch genommen,
und einmal auf den Hund gekommen.
Zwei Dutzend Mädchen heimgeführt
und neun Mal Eifersucht verspürt,
die Sohlen durch die Zeh'n zerdrückt
und niemals noch ein Fox geglückt.
Rund tausendmal – das grenzt an Mord!
Von Frau Pfanders Blick durchbohrt,
achthundertmal was falsch gemacht
und dann von allen ausgelacht.
Zwar – diese Spesen meines Strebens
bezahlte ich nicht ganz vergebens:
JETZT KANN ICH TANZEN! Doch oh Gott,
ich bin an Leib und Seel bankrott.

• *Die Volkshochschule wird 10 Jahre alt.*

Juni 1956
• *Das Bundestreffen der Schweidnitzer findet in Reutlingen statt.*
• *Der Musikverein Sondelfingen begeht mit 32 Musikern sein 50-jähriges Jubiläum.*

Juli 1956
• *Der Bau eines Schlachthofes (Viehhof) am Südbahnhof wird beschlossen.*
• *Die Trikotagenfabrik Wendler wird 50 Jahre alt.*

August 1956
• *Die Kommunistische Partei Deutschlands (KPD) wird aufgelöst.*
• *Der Europameister »Jean« Baltisberger verunglückte bei einem Motorradrennen in Brünn/ČSSR tödlich.*

September 1956
• *In Betzingen wird Hans Baltisberger beerdigt.*
• *Die Erlöserkirche (so der Chronikeintrag) für die Storlachsiedlung und Römerschanzsiedlung feiert Richtfest.*

Oktober 1956
• *Offizielle Übergabe der Römerschanzsiedlung. Es sei die schönste Siedlung im Land.*

November 1956
• *Die Christusgemeinde im Matthäus-Alber-Haus wird 20 Jahre alt.*

Die Tanzschule Kurz bezog alsbald Räume in der Strickerei Schnitzler am Westbahnhof und das Tanzlehrerehepaar Pfander richtete sich in seinem Privathaus in der Kantstraße ein.

Auch in der Listhalle fanden Abschlussbälle statt. Und nicht nur zum Ende der Tanzschule wurden Bälle abgehalten, sondern auch ein Zwischenball und sogar ein Nikolausball wurden von den Tanzschulen Kurz und Pfander organisiert.

Die Tanzböden der Fünfziger und frühen Sechziger

Nach der Tanzschulenzeit durften die mühevoll einstudierten Schritte natürlich nicht wieder in Vergessenheit geraten. Am Samstagabend ging es daher fortan auf irgendeinen Tanzboden. Viel bot sich damals nicht an, und häufig musste über Land gefahren werden. Zum Beispiel in die »Rose« nach Trochtelfingen. Auf dem Land verstand man es noch zu feiern. Hin und wieder waren wir auch Zeugen handfester Raufereien.

Auf der »rauen Alb« wurden damals noch heftige Territorialkämpfe unter den »Halbstarken« ausgefochten. Sie kamen meist aus noch dörflicheren Regionen, etwa aus Steinhilben oder aus Hausen u. H. oder Oberstetten. Trochtelfingen war für sie bereits Stadt.

Etwas näher lag das Tanzcafé Bayerl in Unterhausen. Dieses war im Obergeschoss eines wenig attraktiven und verschachtelten Gebäudes an der Hauptstraße nach Holzelfingen untergebracht. Hier spielte auf einer Bühne am Samstag immer eine Musikkapelle auf. Um Punkt 24:00 Uhr mussten wir mit Herrn Bayerl rechnen, der auf der Bühne auf seiner Geige spielte. Wir ertrugen es nur schwer ... aber als Hausherr hatte er wohl das Recht dazu.

Im Erdgeschoss lud das »Schnauferle« ein, es sich auf ausrangierten Autositzen bequem zu machen oder nach den Rhythmen einer Jukebox zu »schwofen«. Später wurde das Schnauferle in »Spinne« umgetauft. Keiner von uns wusste, warum. Schnauferle war doch auch ein durchaus »merkwürdiger« Name.

In Metzingen lockte hin und wieder das Tanzcafé Bohn. Es lag in einem Industriegebäude im ersten Stock.

Der Kleingärtnerverein feierte den Fasching in der »Uhlandhöhe«.

Die Pächterin des Café-Restaurants »Rodeo«, Frau Bartschat, wurde von allen nur „Mutti" genannt. Links im Bild der damalige Kellner und heutige Pächter Peter Tölz.

Modern ging es zu, eine riesige Tanzfläche in der Mitte des weitläufigen Raumes gab uns reichlich Gelegenheit herumzuwirbeln.

In Reutlingen selbst wurde natürlich auch getanzt. Im »Südbahnhof« etwa. Manchmal spielten die »Robots« auf, die regionale Starband. Das »Deutsche Haus« am Wandelknoten bot Tanzwütigen eine Heimat und auch das Café Schmitter am Kanzleiplatz. Auch wenn dort nur eine

Rock-O-La die aktuellsten Hits herunterleierte.

In der Albstraße verliefen wir uns manchmal in die Grotte, auch Hasenbar genannt.

Wollen wir noch das »Rodeo« erwähnen? Die »kleinste Disco Reutlingens« lag nicht nur damals schon an jener Stelle Ecke Gerberstraße/Stadtbachstraße, sondern es hat sich auch in den letzten 50 Jahren kaum etwas

Dezember 1956

• Die Volkshochschule verzeichnet im vergangenen Jahr 3.000 Hörer. 20.000 nehmen an öffentlichen Veranstaltungen teil.

1957

Januar 1957

• Reutlingen hat 61.488 Einwohner.
• Das Schallplattenarchiv im Heimatmuseum wird eröffnet. Schallplattenhören ist Erziehungsaufgabe, meint OB Kalbfell.

Februar 1957

• In der Heppstraße, der Ringelbachstraße und der Robert-Mayer-Straße werden 130 Wohnungen genehmigt.
• Die Stein- und Offsetdruckerei Betschinger feiert 50-jähriges Bestehen.

März 1957

• Die Auffüllung an der Straße nach Metzingen wird zu klein für das Reutlinger Müllaufkommen. Es wird eine Deponie an der »Alteburg« beschlossen.
• Die Römerschanzschule erhält ihren Namen.
• Die Feuerwehrabgabe wird beschlossen. Es trifft jeden männlichen Einwohner zwischen 16 und 60.

April 1957

• Die TSG hat 1.250 Mitglieder.
• Das Jugendorchester Betzingen startet mit 26 Musikern zu einer Frankreichtournee.

Die Postkarte des »Rodeo«. Vieles von der Einrichtung ist bis heute erhalten geblieben.

verändert. Das nennen wir konstant! Das »Rodeo« wurde 1962 gegründet. Die Gaststätte »Gerbertor«, wie das Lokal vorher hieß, war eine verrufene Spelunke. Peter Tölz, ein Urgestein, geboren 1937, war 26 Jahre alt, als er seinen Job als Kellner begann. Zwei Kellner waren im Dauereinsatz und sie trugen – der sonstigen Wildwestanmutung des Interieurs zum Trotz – Smokings. Der junge Mann aus Ostberlin hatte Mühe, die Kampftrinker, die bislang allabendlich ihren Zahltag in Alkohol umsetzten, davon zu überzeugen, dass ab jetzt hier getanzt wird. Ab 1977 hat er dann das »Rodeo« übernommen und betreibt es bis heute.

Bereits seit 1962 legt Peter Tölz im »Rodeo« Platten auf. Seit 1977 ist er selbst Pächter dieser Disco-Konstante und tut dies bisweilen heute noch, er ist daher unumstößlich der dienstälteste Discjockey in Reutlingen.

Mai 1957

- *Das Filmtheater Scala wird eröffnet. Kalbfell, der auch Betreiber der Bundeshalle ist, möchte »durch gute Filme bildend wirken«.*
- *Der Brenz-Kindergarten feiert Richtfest.*

Juni 1957

- *Das Naturtheater führt den »Fröhlichen Weinberg« von Carl Zuckmayer auf.*
- *Der katholische Kindergarten in der Storlachstraße 115 wird eingeweiht.*

Juli 1957

- *Der Schwimmländerkampf zwischen Deutschland und Ungarn findet im Freibad statt. Ergebnis: 149:95 Punkte für Deutschland.*
- *Die Städtepartnerschaft mit Ellesmere Port in England wird beschlossen.*
- *Das Bruderhaus begeht seinen 100. Geburtstag.*

August 1957

- *Ein Hagelunwetter vernichtet 50 % der Obstanlagen. Am Gebäude der ekz gehen 75 Scheiben zu Bruch.*

September 1957

- *Der älteste Einwohner Reutlingens, Jakob Hummel, stirbt mit 98 Jahren.*
- *Die Auferstehungskirche in der Römerschanzsiedlung wird geweiht.*

Oktober 1957

- *In der »großen Verkehrsdebatte« wird festgestellt, dass Reutlingen keine Umgehungsstraße braucht.*

Die Musikbands

Einige Tanzkapellen verdienten sich ein ordentliches Zubrot mit Musik. Sie entstanden reihum in Reutlingen und aus vielen Kellern und Garagen dröhnten die Weisen, die uns auch aus dem Radiogerät vertraut waren. Bill Haley, Chuck Berry und Elvis Presley gaben die Rhythmen und Töne vor. Gespielt wurde auf Wanderklampfen mit Tonabnehmer, die das Musikhaus Benz oder der Geigenbauer Wiech feilboten. Ein alter Musikschrank diente als Verstärker.

Zunächst musste natürlich geprobt werden, denn bis zur Bühnenreife verging schon mal ein Jahr.

Die wirklich Großen der Musikszene zeigten, wie es gemacht werden musste. Die Beatles und die Rolling Stones stritten um die besten Plätze in den internationalen Hitparaden, und kaum ein junger Musiker, der nicht von einer solchen Karriere träumte. Daher waren auch Hits wie »Jonny be good«, »Please Please Me« und »It's All Over Now« im Repertoire fast jeder jungen Band. Auch optisch näherten sich die Bandmitglieder den Pilzköpfen aus Liverpool an. Die Haare wurden länger und das Outfit kopiert. Mitte der Sechzigerjahre waren schließlich auf nahezu jedem Tanzboden in Reutlingen, aber auch aus jeder Dorfdisco der Umgebung Beatklänge zu hören.

Die Bands verdienten bei dem »Beat-Schwoof« ganz gutes Geld, denn die Säle barsten fast vor begeistertem Publikum. Im »Rodeo« soll zeitweise das Wasser an den Wänden heruntergelaufen sein, sodass die Band im Freien weiterspielen musste.

Die Freddies

Die Brüder Albert und Hermann Mayer spielten zusammen mit weiteren Musikanten als Tanzkapelle »Die Freddies« auf. Sie waren von 1956 bis 1960 die angesagte »Hauskapelle« im »Parkhotel« und auf vielen Vereinsfesten. Auch zu Hochzeiten, Geburtstagsfeiern, Betriebsfeiern und bei Pfander's Tanzabschluss- und Mittelbällen wurde die Band gerufen. Die Besetzung: Albert Mayer, Gitarre und Gesang; Hermann Mayer, Piano und Akkordeon; Walter Lachenmann, Vibraphon; Heinz Semmler, Kontrabass; Friedemann Rupp, Schlagzeug.

Links im Bild: Hermann und Albert Mayer gründeten die Freddies. Zum Service gehörte auch das Bühnenbild: Hermann malte das Technikum für den Technikerball.

Michael Combo

Ab 1961 nannten sich die Freddies um in »Michael Combo« und tingelte mit ihrem Slogan »Keine Feier ohne Mayer« durch die Veranstaltungen. Zu den Brüdern Mayer gesellten sich Gerhard Göhner, Trompete; Angelo Procia, Saxophon und Klarinette; Klaus-Henning Usadel, Kontrabass, sowie Otto Zeeb, Schlagzeug. 1967 wurde die Band aufgelöst.

Die Robots

Sie spielten von 1961 bis 1965 auf. In der Originalbesetzung standen Harry Hummel, Joachim Schönhaar (an den Gitarren), Günter Molinari (Bass) und Robby Gönninger (Schlagzeug) auf den Brettern, die die Welt bedeuten. Ihren ersten Auftritt hatte die Beatband im Café Buck in Urach und war dort über Jahre die Haus- und Hofband, denn jeden Mittwoch, Freitag und Samstag hatten sie dort ihren Auftritt. Auch im »Rodeo« waren sie zu hören und im Hirsch in Unterjesingen, dem späteren »Orion«. Ja sogar im »Städtle« Stuttgart erhielten sie Engagements im »Tivoli«, im »Trichter« und in der »Rio-Bar«. 1965 nahmen sie eine eigene Single auf, die auf jeder Seite einen der großen Rock 'n' Roll-Hits enthielt. Danach trennte sich die Band. Schönhaar

musste zur Bundeswehr, Hummel wechselte zu den »Young Once«, Gönninger drumte bei den »Neuen Robots« und Molinari wechselte zu den »Jaguars«.

> Die »Crying Dogs« waren zum Teil noch minderjährig, als sie bis in den frühen Morgen spielten. Eine Polizeikontrolle im »Rodeo« hatte zur Folge, dass die »Mutti«, wie die Wirtin von allen genannt wurde, die Band kurzerhand in der Küche versteckte. Nachdem die Gefahr vorüber war, bezogen die Jungs wieder Stellung.

The Crying Dogs

Die Band wurde von den Gitarristen Friedhelm Judt und Erich Brandner gegründet. Gerd Ankele stieß als Bassist hinzu und Gerd Schilling als Trommler. Ihre Beatinterpretationen waren häufig im Mitte-Keller zu hören, dem Reutlinger Jazzclub. Es war die Gegenleistung für den Proberaum, der ihnen dort zur Verfügung gestellt wurde. Bekannt und gefragt wurde die Band nach einem Konzert im Olympia-Theater am Federnseeplatz. Die Veranstaltung hatte den melodischen Namen »Leute sattelt die Hühner und geht ins OLI zur Matinee!« Von 1962 bis 1965 spielten die Jungs zusammen. Die Gruppe wurde zwar aufgelöst,

- Schuleinweihung der Volksschule in der Römerschanzsiedlung.

November 1957
- Haux eröffnet sein 4-stöckiges Geschäftshaus am Markt.
- Die Mittelschule feiert 50-jähriges Bestehen.
- 130 Jahre Reutlinger Liederkranz.

Dezember 1957
- 120 Jahre Reutlinger Sängerkranz.
- Richtfest des 11-stöckigen Hochhauses in der Karlstraße.

1958

Januar 1958
- Reutlingen hat knapp 65.000 Einwohner.

Februar 1958
- Das Heimatmuseum führt die 100. Schallplattenstunde durch.
- 50 Jahre Tapetenhaus Gallion.

März 1958
- Die Liedertafel Concordia feiert ihr 125. Stiftungsfest. 297 Mitglieder gehören ihr an.
- Die Stadtgärtnerei wird vom Südbahnhof an die Tannenberger Straße verlegt.
- Die Stadtbibliothek und die Stadtbücherei werden zusammengelegt.

April 1958
- Die »Coloney« der Schlaraffen »Trutze Achalm« wird gegründet.

Die Crying Dogs spielten in der ganzen Region diese neuartige »Beatmusik«.

Uhlandhöhe. Bekannt waren die begabten Jungs für die Beatles-, Beach-Boys- und Kings-Interpretationen.

Favourite Guitars

(1964–1968) Mit Diddi Hall, Hebbe Schreck und Hannes Bauder. Gegründet wurde die Band als »The Hounds«. Im Ohmenhausener »Adler« ging die Karriere los, die leider nur vier Jahre währte. Die Mitglieder fanden sich jedoch auch nach der offiziellen Auflösung hin und wieder on stage.

jeder Einzelne spielte daraufhin jedoch in einer anderen Beatband weiter.

Ab Mitte der 1960er-Jahre bildeten sich dann bis zum großen Bandsterben Ende der Sechziger noch weitere Gruppen:

The Grave Yards

(1965–1969) Mit Manfred Grupp, Günter Schmid, Klaus Reihle, Helmut Grab und Erich Brandner. Proberaum war ein kleiner Lebensmittelladen Ecke Uhland-/Albstraße.

Die Strangers

(1965–1969) Mit Werner Schneider, Reinhard (Killa) Kühner, Hubertus Tilmann, Günther Benz und Manfred Holbein. Die Musiker kamen aus den früheren Bands »Shadows«, »Spotniks« und »Ventures«. Drei der Strangers wurden am selben Tag zum Militärdienst eingezogen. Es bedeutete das Aus für die erfolgreiche Band.

The Crashers

(1965–1968) Mit Reinhold Schindler, Peter Pfanner, Manfred Körner und D. Grauer. Die Akteure spielten in der

Die »Take Five« hatten an einem Tag zwei Auftritte und mussten erfahren, wie hart das Jetsetleben sein kann. Der erste Auftritt fand am Nachmittag in Karlsruhe statt und der zweite dann am Abend in Donaueschingen. Bei strömendem Regen fuhr die Band im Ford Transit die Sträßchen des Schwarzwaldes entlang. Und die zogen sich elend lange hin … die Jungs kamen in extreme Zeitnot. Die Hauptbands durften getrost Hunderte Fans lange warten lassen. Die Beat-Gruppe Take Five war jedoch nicht die Hauptband, sondern »nur« die Vorband und diese hatten stets pünktlich auf den Brettern, die ja bekanntlich die Welt bedeuten, zu stehen. Pausen wurden keine gemacht, selbst nicht die dringenden »Pinkelpausen«. Eine leere Bierflasche musste im hinteren Teil des Busses als »mobile Toilette« herhalten.

Parkhotel „Friedrich List"

im Café   unterhält Sie
ROLF PETER WARNATZ
ein Pianist der Sonderklasse
mit eigenen Chansons

im Festsaal   jeden Sonntag um 16.00 Uhr
TANZ-TEE
Es spielen: Die Freddies.

Wie der Anzeige im Generaler zu entnehmen ist, wurde auch damals heftig gefeiert. Der Faschingsball im »Parkhotel« ist legendär.

Park-Hotel Friedrich List
Reutlingen

Faschingsprogramm:

Mittwoch, 4. Februar, 20.00 Uhr

Kappenabend im gemütlichen Parkkeller
Es spielen die Freddies

Samstag, 7. Februar 1959, 20.00 Uhr

ADAC-Verkehrssünderball in allen Räumen

Sonntag, 8. Februar 1959, um 16.00 Uhr

Tanztee mit den Freddies

Rosenmontag, 9. Februar 1959, um 20.00 Uhr

Großes Faschingstreiben in allen Räumen
**Es spielen: Micky Weiß vom RIAS Berlin
Die Freddies - Das Junger-Trio. — Eintritt DM 3.—**

Faschingsdienstag, 10. Februar 1959, um 20.00 Uhr

Kehraus in allen Räumen
**Es spielen: Micky Weiß vom RIAS Berlin
Die Freddies - Das Junger-Trio. — Eintritt DM 3.—**

Kartenvorverkauf:

Beim Portier und an der Abendkasse

- Das Technikum erhält einen Chemieneubau.

Mai 1958

- In Reutlingen treffen sich 80 Chöre mit 2.000 Sängern zum Landeskirchengesangstag sowie 3.000 Donauschwaben.

Juni 1958

- Reutlingen tritt dem »Rat der Gemeinden Europas« bei.
- Die Handwerkskammer richtet eine betriebswirtschaftliche Beratungsstelle ein.

Juli 1958

- Zur Jungbürgerfeier empfängt der OB 1.267 Jungbürger des Jahrgangs 1927.

August 1958

- Der Bau am 6 Meter tiefen Wasserhochbehälter am Scheibengipfel ist abgeschlossen.

September 1958

- Grundsteinlegung der katholischen Kirche in Rommelsbach.
- Der Städtepartnerschaft mit Roanne wird im Stadtrat offiziell zugestimmt.

Oktober 1958

- Das Hochhaus in der Karlstraße ist fertiggestellt. Fünf Stockwerke werden vom Fernmeldeamt belegt.

November 1958

- Der Reutlinger Karneval wird vom Männerverein Reutlingen aus der Taufe gehoben.

The Merseys

(1965–1968) Mit Harald Horwarth, Mike Salvermoser, Walter Haas, Peter Jell und Robby Gönninger. 1968 stießen Friedhelm Judt und Erich Brandner von »The Crying Dogs« dazu.

Der Ruf der Band gipfelte in einem Auftritt in Dieter Pröttels »Talentschuppen«, dem großen Vorbild der Sendung »Deutschland sucht den Superstar«.

Nun stellt sich die Frage, warum nahezu alle namhaften Bands gegen Ende des Jahrzehnts aufgaben. Die Erklärung ist einfach: In den frühen Siebzigern waren plötzlich Diskotheken angesagt. Der Discjockey war geboren und unterhielt die Gäste mit flapsigen Sprüchen und bekannten Hits aus wattstarken Anlagen. Die Liveband hatte definitiv ausgedient. Erst Jahre später sollten die Protagonisten der Musikszene wieder auf der Bühne stehen. Einige davon kann

Einer der Bands wurde großzügig ein Proberaum in der Villa der Familie Hubberten an der Reutlinger Sommerhaldestraße zur Verfügung gestellt. Sohn Michael spielte mit. Es ging so lange gut, bis Herr Dr. Hubberten bemerkte, dass sein edler Weinbestand im Keller dramatisch abnahm.

Die Gruppe, es waren die Merseys, musste sich danach mit dem billigen österreichischen Mischmaschwein Gumpoldskirchner in Stimmung spielen. Den Fans war die Neigung zum Rebensaft bekannt, für die Musik aus deren Lautsprechern war daher schnell der Begriff »Wine-Bottle-Sound« im Umlauf.

Dr. Hubberten betrieb im Hochhaus in der Karlstraße eine renommierte Werbeagentur. Sein Hauptkunde war der Reifenhersteller Veit Pirelli. Der einprägsame Slogan »Die Beine Ihres Autos« wurde dort, hoch über den Dächern Reutlingens, kreiert.

man heute noch hören, etwa in der Reutlinger Musiknacht. Älter sind sie geworden, die Herren Brandner, Judt & Co., aber die Groopies von damals auch. Einige von den damaligen Lokalmatadoren, etwa Killa Kühner und Diddi Hall, leben leider nicht mehr.

Hier haben sich die Merseys in Pose gesetzt. Auf der Bühne ging's selten so gesittet zu.

Ein Vergleich für unsere Leistung

Zwei Stapel, jeder mehr als dreimal so hoch
wie der Turm unserer Marienkirche, würde es geben,
wollte man alle Seiten des Reutlinger General-
Anzeigers, die in einem Monat an seine Leser
geliefert werden, Blatt für Blatt aufeinander beugen!

Reutlinger
General-Anzeiger

DIE REUTLINGER HEIMATZEITUNG SEIT 70 JAHREN

FÜHREND DURCH AUFLAGE UND WERBEKRAFT

Die Zeitung für Sie, für Ihn, für alle

*Unser guter alter »Reutlinger General-Anzeiger«. Über das ganze Jahrzehnt war er
unser Begleiter und erzählte täglich Geschichten über unsere Heimatstadt Reutlingen.
Schöne und grausige, glückliche und traurige, sportliche und gesellschaftliche,
politische und wirtschaftliche. Ohne sein umfangreiches Archiv hätte es viele
Informationen für dieses Buch nicht mehr gegeben. Hier eine Anzeige von 1956.*

Dezember 1958
- *Das erste Bodenseewasser fließt aus Reutlinger Hähnen. Es ist weniger kalkhaltig als das Honauer Echazwasser.*

1959

Januar 1959
- *Die »staubfreie Müllabfuhr« wird in Reutlingen eingeführt. Systemmüll-eimer in vorgeschriebenen Größen werden an alle Haushalte verteilt.*
- *In der Stadt sind 9.110 Kraft-fahrzeuge zugelassen, darunter 5.388 Pkw.*

Februar 1959
- *Das Tübinger Tor wird für 32.000 Mark instand gesetzt.*
- *Zum 50. Geburtstag des Reutlinger Holzschneiders HAP Grieshaber wird eine Ausstellung im Spend-haus durchgeführt.*

März 1959
- *Verabschiedung des Haushalts-plans 1959: 25,4 Millionen DM, der außerordentliche Haushaltsplan umfasst 6,2 Millionen DM.*

April 1959
- *Planung des Wohnungsbaupro-gramms 1959: 582 Wohnungen für 18,3 Millionen DM.*

Mai 1959
- *Die evangelische Schule für Heimerziehung wird ihrer Bestim-mung übergeben. Sie gehört dem Bruderhaus in der Ringelbach-straße an.*

Das eigene Gefährt – Isetta-Romantik

Für uns waren zunächst nur motorisierte Zweiräder erfüllbare Wünsche, an richtige Autos, etwa den VW Käfer, war nicht zu denken. Nicht einmal als Gebrauchtfahrzeug. Weil es vielen so ging, füllten findige Hersteller den Bereich zwischen Zweirad und vollwertigem Automobil mit sogenannten Rollermobilen. Hier sei das Goggomobil oder der Messerschmitt-Kabinenroller erwähnt und natürlich die Isetta, die von BMW als Lizenzbau auf den Markt gebracht wurde. Von 1955 bis 1962 wurde sie mehr als 160.000-mal gebaut. Die Deutschen hatten für dieses außergewöhnliche Fahrzeug verschiedene Spitznamen: Knutschkugel, Schlaglochsuchgerät, Asphaltblase. Manche nannten die Isetta auch Adventsauto, in Anspielung auf das Adventslied »Macht hoch die Tür«. Sie verfügte ja auch wirklich über eine außergewöhnliche Türkonstruktion. Wie jeder weiß, wurde die Fronttür aufgeklappt, das Lenkrad schwenkte dabei mit einer simplen Mechanik mit nach oben.

Für Familien war dieser Zweisitzer kein brauchbares Fahrzeug mehr, daher wurde, sobald der Nachwuchs zu groß wurde, um auf der hinteren Fensterablage während der Fahrt zu liegen, die Isetta verkauft und durch einen Viersitzer ersetzt, etwa den BMW 600. Bei diesem etwas größeren Bruder der Isetta stiegen Fahrer und Beifahrer ebenfalls durch die Fronttüre ein, die Rücksitzbank war über Seitentüren erreichbar.

Anders als beim optisch recht ähnlichen Zündapp Janus, einem Rollermobil, bei dem die hinteren Fahrgäste durch eine Hecktür einstiegen. Sie saßen mit dem Rücken zur Fahrtrichtung, der Janus hatte einen Mittelmotor unter den Sitzen. Wir Kinder knieten stets während der Fahrt auf dem Rücksitz, um ebenfalls nach vorne gucken zu können – Übelkeit wäre ansonsten vorprogrammiert gewesen.

Eine Isetta war also als Gebrauchtwagen verfügbar und für uns dann auch erschwinglich. Wir waren ja nur zu zweit und wollten dies gerne auch noch eine Weile bleiben. So klein sie auch war, sie wurde schnell zu unserem Refugium. Eine kleine Zelle, die nur uns gehörte. Ob sie groß genug war, um darin auch Schäferstündchen mit Happy End durchzuführen, möchten interessierte Leserinnen und Leser bitte bei einem der ehemaligen Isettafahrer erfragen.

Wenn der Nachwuchs größere Dimensionen eingenommen hatte, wurde die Isetta den jungen Familien zu klein und verkauft. Unsere Chance auf ein eigenes Automobil.

- *Reutlingen feiert sein Kinderfest mit Umzug und Spielen im Wasenwald.*

Juni 1959

- *Den Feierlichkeiten anlässlich des 150. Geburtstags von Gustav Werner wohnen Bundespräsident Theodor Heuss und Ministerpräsident Kurt Georg Kiesinger bei.*

Juli 1959

- *Die Stadt entscheidet sich erneut gegen eine Bebauung oberhalb des Schönen Wegs.*
- *25 Jahre Bezirksmilchverwertung in der Gminderstraße.*

August 1959

- *Einweihung der Kleingartenanlage Wackersbrunnen der Siedlergemeinschaft Römerschanze und Storlach.*

September 1959

- *Erich (Ede) Canz wird Europameister in der Sportbootklasse bis 500 ccm.*

Oktober 1959

- *Der Bebauungsplan für das Gewand Orschel und das Gewand Hagen wird beschlossen.*
- *Die Spedition Hasenauer wird 100 Jahre alt. Sie wurde bereits 1859 zum königlich-württembergischen Güterbeförderer ernannt.*

November 1959

- *Auf dem Friedhof Unter den Linden werden nur noch Urnengräber zugelassen. Beerdigungen gibt es nur noch auf dem neuen Friedhof Römerschanze.*

Impressionen der Stadt

Das Friedrich-List-Gymnasium war im Ursprung ein Barfüßerkloster.
Seit Generationen wird hier in Abi-Prüfungen geschwitzt. Blick vom Ledergraben.

Das Tübinger Tor. Rechts die Hahn'sche
Mühle, links die »Altdeutsche Bierstube«.

Das Tübinger Tor vor dem Bau des neuen Rathauses.
Rechts das Geschäft der Firma Albert Reiff, damals noch von allen »Gummireiff« benannt.

Das Gartentor,
von der Gartenstraße aus gesehen.

Das Spendhaus, vom Ledergraben
aus gesehen.

Der Stolz der Stadt Reutlingen:
unsere Marienkirche.

- *Die Landwirtschaftsschule wird
  90 Jahre alt.*

Dezember 1959

- *Die Reutlinger Sommerfeste werden
  an den Festwirt »Göckeles-Maier«
  aus Cannstatt übertragen. Die Stadt
  erhält dafür 10.000 DM Jahres-
  pacht. Außerdem hat der neue
  Betreiber jeweils ein Feuerwerk zu
  spendieren im Wert von 1.500 DM.*

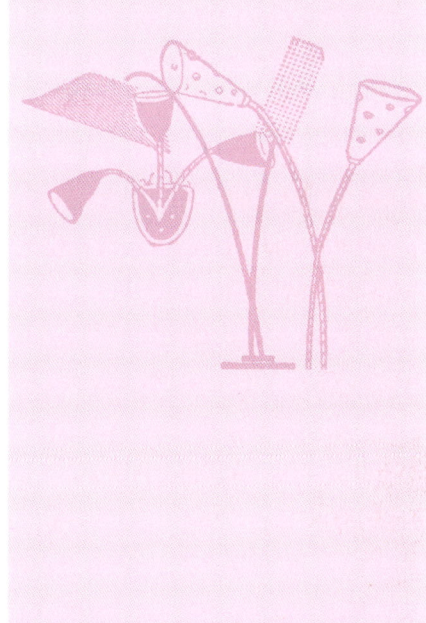

Das elliptische Becken des Arbachbades war für Wettkampfveranstaltungen ungeeignet.
Im Hintergrund die Jugendherberge.

Nachwort

Was für ein Wunder, dass wir noch leben!

Kein Lebensmittel hatte ein Mindesthaltbarkeitsdatum aufgedruckt. Wurst wurde selbst dann noch gegessen, wenn die Ränder der Scheiben sich grünlich schimmernd nach oben bogen. Vom Käse wurde einfach der Schimmel abgeschnitten, jener im »Gsälzglas« abgelöffelt. Die Bäckersfrau schenkte uns »großzügig« ein Plundergebäckstück, wenn wir von der Mutter geschickt wurden, das obligate »Halbweiße« oder ein Betzinger Bauernbrot zu kaufen. Diese »siaße Schdiggla«, waren niemals von heute, sondern meist von vorgestern. Jene mit Obst drauf oder Quark drin mussten vor dem Verzehr auf Schimmel untersucht werden, die ohne Obst und Quark waren unbedenklich, aber trocken und hart. Etwa die »Schneggganudla«. Es schmeckte uns dennoch, wir waren nicht wählerisch, wenn es um Nahrungsmittel ging.

Wir tollten während der Fahrt auf dem Rücksitz herum – unangeschnallt und natürlich ohne Airbags. Und dies in Autos, die sich bereits nach kleineren Crashs in ihre Einzelteile zerlegten. Die Erwachsenen rauchten uns gewissenlos zu und wir rauchten passiv kräftig mit.

Wir fuhren auf Fahrrädern, deren Bremsen eigentlich nicht als solche bezeichnet werden konnten, zudem ohne Helm oder Ellbogenschützer. Kindersicherung an Putzmittelflaschen? Fehlanzeige! Auch die Töpfe auf dem Herd waren ungesichert und die Arzneimittel lagen lose in irgendeiner Schublade herum. So wir über eigene Kinderzimmermöbel verfügten, waren diese mit Farben bemalt, die vor Blei, Kadmium und anderen schädlichen Zusatzstoffen nur so strotzten.

Wir tranken auf dem Bolzplatz alle aus einer Sprudelflasche, und keiner holte sich Herpes. Danach futterten wir uns die Bäuche voll mit allem Obst, oft auch unreifes, das auf fremden Bäumen zur Verfügung stand. Anschließendes Magengrimmen war inklusive. Wir hatten noch nie etwas von Allergien gehört, geradeso, als ob jene erst Jahrzehnte später eingeführt wurden. Unsere Seifenkisten wurden aus Kinderwagenschrott zusammengebastelt, wir bretterten damit die Straßen hinab. Bremsen? Bremsen brauchten wir keine. Uns bremste der Kandel oder ein Baum. Oft wickelten wir uns um denselben. Unsere Schrammen wurden abends nicht einmal den Eltern gezeigt. Sie heilten von alleine zu, ohne sich zu entzünden. Nur Brüche und ausgeschlagene Zähne mussten wir beichten. Unsere Eltern hatten keine Ahnung, wo wir uns herumtrieben. Handys waren noch nicht erfunden.

Wenn einer mal »hocken« blieb und eine Klasse wiederholen musste, war dies für ihn noch lange kein Grund, zum Psychiater zu rennen oder sich gar vor den Zug zu legen.

Wirklich – ein Wunder, dass wir überlebt haben!